Douglas E. Harding

Ser y no ser, esa es la respuesta

Con ilustraciones del autor

The Shollond Trust

Publicado por The Shollond Trust
87B Cazenove Road
London N16 6BB
England
headexchange@gn.apc.org
www.headless.org

The Shollond Trust es una organización benéfica
de Reino Unido registrada con el nº. 1059551

Título original: *To Be and Not to Be, That is the Answer*
(Publicado inicialmente por Watkins Publishing, 2002)

Traducción y edición: Diego Merino Sancho
(diegomerinotraducciones.com)
Imagen de portada: rangsgraphics.com
Ilustraciones del autor

ISBN 978-1-908774-79-8

Índice

Introducción obligatoria

C ASI TODOS LOS CAPÍTULOS DE ESTE LIBRO comenzaron su andadura bajo la forma de un artículo completo para una revista. El resultado es que puedes leerlos en el orden que más te guste. No obstante, si este es el primer libro mío que estás leyendo y no has asistido a ninguno de mis talleres, creo que sería bueno que los leyeses siguiendo el orden en que se presentan.

El libro como obra completa consta de tres componentes esenciales, que son, de menor a mayor importancia: (1) las palabras y los temas que estas desarrollan, (2) los mapas y diagramas, y (3) los ejercicios o experimentos. Las primeras están ahí para ser leídas, los segundos para dar forma y orden a lo que se lee y los terceros para ponerlos en práctica, para llevarlos a cabo, para convertir de forma activa los conceptos vagos y difusos (y, por lo general, sobrevalorados) en percepciones reales. Limitarse a leer sobre los ejercicios sin hacerlos implica perderse el mensaje que intentan transmitir y reducir este libro a mera palabrería.

Hay cuatro experimentos básicos y un número (creciente) de experimentos subsidiarios (unos veinte, hasta la fecha). Todos ellos sirven a un mismo propósito, que es llevarnos de vuelta a nuestro verdadero Hogar, al Lugar que en realidad nunca jamás hemos abandonado, al estado en el que *vemos* realmente que somos porque no somos, que somos Todo porque no somos absolutamente Nada.

Cada capítulo, al ser autónomo, incluye los experimentos y diagramas necesarios para aclarar el tema del que trate. Por eso en ocasiones verás que al llegar a un capítulo se te pide que repitas algunos experimentos que ya has realizado anteriormente. Esto es para bien, pues los experimentos también son ejercicios que han de repetirse (resulta imposible practicarlos en demasía o en demasiados contextos). De hecho, están pensados para que los incorporemos de forma deliberada en nuestra vida cotidiana, hasta que llegue un momento en que no tengamos que hacerlos de forma consciente, sino que se conviertan en algo que poner en práctica de forma natural según la ocasión lo demande; una práctica que no requiera ningún esfuerzo ni preparación por nuestra parte. Por ejemplo, el experimento del túnel (que entre otras revelaciones sorprendentes nos muestra que jamás en nuestra vida hemos estado cara a cara con nadie) hay que practicarlo hasta que, por así decirlo, se active por sí mismo cada vez que veamos un rostro.

Otra razón para repetir los experimentos ¡es que no los repetimos!; cada vez que los llevamos a cabo es siempre la primera vez. Están ahí para que nos acostumbremos a *realizarlos*, pero no para que nos acostumbremos a ellos. Te pongo un ejemplo. En los talleres que he realizado por todo el mundo durante los últimos treinta y cinco años, debo haber llevado a cabo el experimento del túnel más de dos mil veces y con más de veinte mil personas. Pues bien, la última vez (que ha sido hace cinco días) lo encontré más sorprendente y revelador que nunca. Podría decirse que estos experimentos están impregnados de la atemporalidad del propio tema que tratan; la atemporalidad del Sujeto, del Ser/No-ser que tan solo se muestra Aquí y Ahora.

Así es que recibe una cálida bienvenida de mi parte, Douglas Harding, y de Catherine, mi esposa y compañera de trabajo, a lo que algunos de nuestros amigos denominan nuestro «laboratorio de Dios».

¿Cómo podría siquiera comenzar a enumerar, y mucho menos a agradecer como se merecen, a los muchos amigos que me han ayudado, enseñado y alentado en este trabajo experimental tan sumamente necesario? Vaya a Catherine, a quien dedico este libro, mi más especial agradecimiento.

1

Ser y no ser

M E RESISTO A CONCRETAR lo que quiso decir Hamlet exactamente (o, más bien, lo que Shakespeare quiso que quisiese decir Hamlet) con su famoso soliloquio: «Ser o no ser, esa es la cuestión». Los eruditos que se dedican a estudiar a este autor podrán darnos la respuesta. En todo caso, para mí significa lo siguiente.

Tengo la capacidad de elegir (aunque sin duda a veces elegir suponga una cierta agonía) el menor de estos dos males. Por un lado está la vida, una vida agridulce, unas veces placentera y otras extremadamente dolorosa, en ocasiones fácil pero, por lo general, difícil... y a veces terriblemente difícil. Por otro lado está la muerte, la cual se presenta como el fin del sufrimiento y el dolor (si bien el precio a pagar por ello es la aniquilación y el olvido eterno, por lo que no se puede decir que esta sea una perspectiva demasiado alentadora...). Digámoslo de este modo: existir es desagradable, pero dejar de existir es, cuando menos, igual de desagradable, aunque de un modo distinto. Así que este es el dilema al que me enfrento: ¿debería seguir viviendo la vida que vivo o, por el contrario, optar por salirme de ella, ya sea drogándome hasta el estupor (y hoy en día existe una enorme cantidad de opiáceos legales e ilegales entre los que elegir) o matándome directamente? En resumen, ser o no ser, esa es la pregunta que desgarra mi existencia. Y de entre todas las preguntas posibles, esta es sin duda la que con más urgencia demanda una respuesta.

SER   O   NO-SER

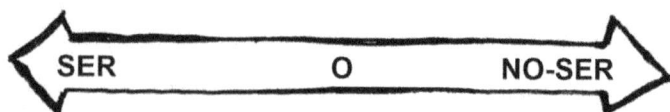

Aquí te presento una versión resumida de la mía. Mi vida está formada por dos elementos que contrastan entre sí. (1) *Ahí fuera* hay todo tipo de cosas en constante cambio: ramas, piedras, los huesos de alguien; brazos, piernas y un tronco; personas, animales y plantas; planetas, estrellas y galaxias; bondad, verdad y belleza junto con sus opuestos; sensaciones, emociones y pensamientos de todo tipo; y así sucesivamente. En cambio, (2) *Aquí* hay una Nada inmutable, una No-cosa invariable que siempre está recibiendo todas esas cosas; es como el escenario en el que actúan, la palestra en la que aparecen, el Vacío consciente que les abre paso, que desaparece en su favor. Aquí soy la ausencia en la que (y ante la cual) se presentan. Y el hecho de que estos dos elementos de los que estoy compuesto sean tan totalmente opuestos y distintos hace que encajen de un modo perfecto y se fusionen dando lugar a una unidad sin fisuras.

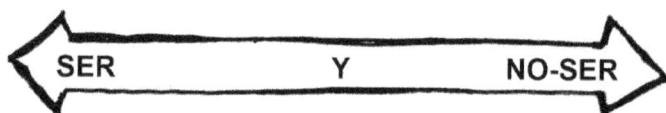

SER   Y   NO-SER

Ser y No-ser son las dos caras de la misma moneda —una moneda de oro puro—. Si la divisa de nuestra vida está tan degradada y somos tan miserablemente pobres es porque, al igual que Hamlet, estamos divididos por la mitad. Pero cuando por fin volvemos a unificar las dos caras de la moneda y nuestra situación deja de ser la de «Ser *o* No-ser» para transformarse en «Ser *y* No-ser», nos damos cuenta de que en realidad somos mucho más ricos de lo que jamás pudiésemos imaginar y nuestra vida se transforma por completo.

¿Cómo es esta nueva vida en la práctica? Mi experiencia, sea del tipo que sea, siempre incluye dos aspectos: la existencia y la no-existencia.

Lo que denomino *mi atención* adopta la forma de esta doble flecha que apunta simultáneamente hacia fuera, hacia el objeto que es, y hacia dentro, hacia el Sujeto que no es. Por ejemplo, la disposición convencional «cara a cara» queda reemplazada por esta otra:

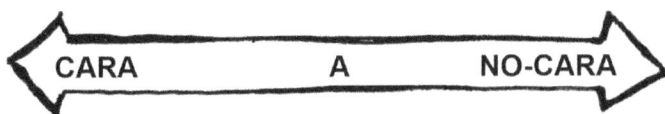

Vivir conscientemente de esta manera, en lugar de inconscientemente como hasta ahora, supone una gran diferencia. Resulta verdaderamente práctico aplicar esta visión bipolar en todas las fluctuantes circunstancias de la vida. Por ejemplo, tú y yo, en la medida en que ya no nos vemos cara a cara, dejamos de confrontarnos y de oponernos. No niego que hace falta practicar mucho esta visión para conseguir que se vuelva constante y habitual, pero puedo asegurarte que todo esfuerzo en este sentido estará bien aprovechado, así como que es posible que no te lleve demasiado tiempo librarte por completo de tu timidez compulsiva (producto de ser demasiado conscientes de nosotros mismos), si es que, como fue mi caso, a ti también te atormenta esta condición. Y la razón por la que funciona tan bien y de tantas maneras distintas es extremadamente simple. Funciona porque nos devuelve a la naturaleza, a nuestra verdadera naturaleza. Es el modo en que estamos diseñados, nuestra configuración natural. Aquí, la forma es vacío, nuestra Naturaleza es No-naturaleza, yo soy no-yo, ser es no-ser, «aquel que pierda su vida la salvará», el Uno se convierte en Cero. Todos los seres (y en especial el Ser mismo) deben su existencia al hecho de ser reemplazados por los demás seres. El poder y la gloria que subyacen tras el mundo es el amor —donde el amor, como en el tenis, es «nada»—.

Los siguientes capítulos exploran desde diversos puntos de partida esta unión del Ser y el No-ser tan infinitamente creativa y tan claramente visible (aunque también salvajemente paradójica y misteriosa). Espero que contribuyan a demostrar que todo lo que pudieras desear está incluido en la realización y el gozo que son consustanciales a dicha unión.

Mientras tanto, dejemos que sea san Juan de la Cruz, ese gran poeta y veedor español, quien nos aliente: «Para tenerlo todo no debes tener nada, para saberlo todo no debes saber nada, para serlo todo no has de ser nada». Y dejemos que sea William Blake, el gran poeta y veedor inglés, quien nos advierta: «No vaya a ser que llegue el juicio final y me pille aún sin aniquilar, aferrándome y lanzándome a los brazos de mi propia individualidad».

2

Un tesoro muy valioso

S I TE DIJESE CON TODA LA SERIEDAD del mundo que hay un diamante de seis caras de un valor incalculable escondido en tu casa, si te explicase exactamente dónde encontrarlo y el aspecto concreto de cada una de sus hermosísimas facetas, ¿qué harías? ¿Te apresurarías a bostezar y cambiar de tema? ¡No! ¿Me creerías y no harías nada al respecto? ¡No! ¿Te limitarías a no creerme y dejarlo estar? ¡No! ¿Te sentirías tan incómodo y tan amenazado que a partir de ahora evitarías dirigirte nuevamente a ese lugar? ¡Por supuestísimo que no! Al contrario, te lanzarías de cabeza y a todo correr a ese punto para comprobar si lo que te digo es cierto.

Bueno, retiro el «si» condicional del principio, pues lo que te estoy contando es la pura verdad. Este tesoro, el más valioso de cuantos pueden existir, es absolutamente real y absolutamente tuyo. Aquí, en tu mismísimo Centro, en tu Base, en tu Hogar, en el Lugar que se encuentra más cerca de ti que tu propio aliento, en el Lugar desde el que miras, es donde resplandece esta preciosa joya. No me creas ni me dejes de creer. Simplemente hazte a ti mismo el favor de fijarte con mucho cuidado y examinar cómo son las cosas desde tu lado cuando ves los objetos y, una vez hecho, aceptar lo que descubras. Te aseguro que no es sino esta joya preciosa, y que al hacerla tuya posees también todo lo que tu corazón pudiese desear.

Lo más seguro es que, llegados a este punto, todo esto te suene demasiado bueno para ser verdad y que me digas que aquello desde lo que ves no podría parecerse menos a una joya preciosa. Nuestro problema es que, si bien somos muy buenos a la hora de ver aquello HACIA LO QUE miramos (como las personas, los coches de la calle con los que tenemos que tener cuidado, etc.), somos extraordinariamente malos en lo que respecta a mirar en la dirección contraria; ineptos, ciertamente, a la hora de fijarnos en aquello DESDE LO QUE miramos. Y, lo que es mucho peor, nos dedicamos a alucinar, a imaginar frenética y desaforadamente al superponer a esta Realidad tan hermosa y sorprendente toda una serie de ficciones horribles, aburridas y lamentables hasta la desesperación. Pues bien, en los siguientes capítulos nos ocuparemos de corregir este trágico error y de comprobar si, más allá de toda posibilidad de duda, los hechos que nos muestra la realidad son favorables (por decirlo con suavidad) o no. Tan favorables como desfavorables son las ficciones que los ocultan. Favorables, y soberbiamente a la vista.

Estoy seguro de que con la ayuda de nuestros experimentos descubrirás que en realidad no *posees* este tesoro de seis caras, sino que *eres* dicho tesoro, que esta es tu verdadera identidad. ¿Qué puedes perder, y qué puedes ganar, si miras hacia dentro, hacia lo que está totalmente a la vista aquí, y le das una oportunidad? ¿Y, para el caso, qué puedes perder si sigues adelante para descubrir cuántos de tus problemas surgen precisamente porque pretendes ser, en todos los sentidos importantes, el opuesto exacto (tan pobre y lamentable) de esta Maravilla resplandeciente que ahora ves claramente que eres?

Entretanto, quedémonos con las palabras del clérigo y novelista escocés George MacDonald: «[...] por fin la gloria de nuestra existencia se despliega sobre nosotros, encaramos plenamente el Sol que ilumina todo lo que nos ha sido dado y sabemos que la vida que nos vive es infinita». Creo que lo más probable es que, antes de lo que piensas, te verás a ti mismo admitiendo que tenía razón.

3

¿Dónde estoy?

Si dejas de pasar por alto
la Nada que hay en tu Centro
estallará en el Todo
que, al incluirte, te salva.
En cambio, si sigues pasándola por alto
seguirá siendo la nada
que te excluye y te destruye.

E STE CAPÍTULO ES UNA VERSIÓN resumida de uno de los talleres dirigidos por mi esposa Catherine y por mí mismo, Douglas Harding. Trabajamos en pareja, como un equipo, pero no planeamos con antelación quién hará qué. De hecho, no tenemos un plan predeterminado y siempre estamos abiertos a las sorpresas.

En la medida de lo posible, yo me encargo de reflejar en gráficos, bocetos y esquemas (usando para ello rotuladores y una pizarra blanca) las conclusiones a las que llegamos y los descubrimientos que hacemos en el transcurso del taller. Los resultados obtenidos son los que puedes ver en las ilustraciones de este capítulo.

Comencemos con una cita de Eric Berne, autor del libro *Juegos en que participamos* y fundador del análisis transaccional: «Todos hemos nacido como príncipes y princesas, pero el propósito de la sociedad es convertirnos en ranas». Pues bien, nosotros añadimos que el propósito de este taller es convertirnos de nuevo en príncipes y princesas.

Pero antes que nada debemos analizar con total honestidad y sin reservas nuestra condición actual como humanos-rana, pues no es posible recuperar nuestra condición principesca limitándonos a esconder debajo de la alfombra todas las pruebas que evidencian la situación absolutamente desesperada en la que nos encontramos. Muy al contrario, así tan solo la empeoraremos. Y ciertamente nunca descubriremos (ni mucho menos tomaremos) esa medicina que ya existe para nuestra enfermedad hasta que no tomemos conciencia de lo grave y multifacética que realmente es. Por todas estas razones comenzamos este taller desde abajo (desde una posición triste y lastimera). No es un precio demasiado alto si tenemos en cuenta que acabaremos descubriendo aquello que más felices puede hacernos. Sí, prometemos que, a su debido tiempo, encontraremos la cura para nuestra dolencia y condición.

Pero antes que nada examinemos las desventajas que conlleva ser humano, aquellas que, en el esquema de las cosas, pertenecen al propio nivel humano.

Aquí lo tenemos. Este es el tipo que está en apuros:

No hay más que echarle un vistazo para darse cuenta de lo solitario y aislado que se encuentra este pequeño individuo, de lo encajonado y apretado que está en una especie de paquete separado y estrechamente envuelto; un paquete «distinto a» y «distante de» todos los demás paquetes humanos. Estoy encerrado con mi dolor, el cual es tan incomunicable e imposible de compartir como lo es lo que experimento cuando como huevos fritos con beicon (su sabor, su textura, su olor, su color y su sonido). Así, como extraños confrontándonos unos a otros, opuestos cara a cara y, muchas veces, en desacuerdo (en esta configuración en la que cuando uno gana el otro pierde) no es de extrañar que las colisiones frontales que se producen entre nosotros no tengan fin.

Y también cabe esperar que haya mucho que temer, siendo nuestro mayor temor, por supuesto, el miedo a la muerte (del cual, según dicen, derivan todos los otros miedos secundarios). ¡Qué corta y breve es la vida! Mis noventa y dos años han pasado en un abrir y cerrar de ojos. No obstante, reprimimos por todos los medios posibles el hecho de que todos estamos sentados en el corredor de la muerte esperando la hora de nuestra ejecución, la cual puede sobrevenirnos en cualquier momento. Y al negarnos a pensar en ello o a hablar de ello, lejos de deshacernos del miedo a *nuestra propia* muerte, lo único que conseguimos es acrecentar la agonía. (Por supuesto, la muerte de los demás es un tema completamente distinto).

Por otra parte, ¡hay que ver la cantidad de experiencias que tenemos en la vida que, en mayor o menor medida, resultan *dolorosas*! Sin duda, quien pueda afirmar que la suma de sus placeres supera a la de sus padecimientos puede considerarse afortunado. Seamos tan honestos como el Buda en lo que respecta a la insatisfacción inherente a la vida, pues hasta que no la admitamos, es poco probable que tratemos de encontrar ese Lugar que es perfectamente agradable y satisfactorio (ni mucho menos que lo encontremos y establezcamos en él nuestra residencia).

¿Y qué hay de la pobreza, de las muchas cosas (materiales, psicológicas, espirituales) que deseamos pero no podemos tener? ¿Y cuánto tiempo pasa antes de que las cosas que conseguimos acaben poseyéndonos a nosotros? ¿Por cuánto tiempo sigue siendo bueno lo bueno? ¿Cuánto tardamos en despreciar u olvidar los auténticos tesoros, los bienes que de verdad enriquecen a sus dueños?

Podríamos seguir quejándonos sin parar del vergonzoso y caótico estado en el que se encuentra el ser humano, fuente inagotable de toneladas y toneladas de inmundicia que eufemismos patéticos como *damas y caballeros, cuarto de aseo, lavabo* o *tocador* intentan mitigar en lo posible. O también podríamos lamentarnos por la humillante similitud que existe entre nuestra forma de hacer el amor y la de las moscas del cristal de la ventana del dormitorio. En todo caso, creo que ya hemos dejado claro que la condición humana no es algo con lo que los humanos estén satisfechos, y que si existe un remedio (y les prometemos que así es) deberíamos apresurarnos a tratar de encontrarlo como alma que lleva el diablo.

Como si todo este multifacético relato de pesares e infortunios en nuestro nivel humano no fuese suficiente, las cosas no mejoran demasiado en lo que podríamos denominar nuestros niveles *suprahumanos.*

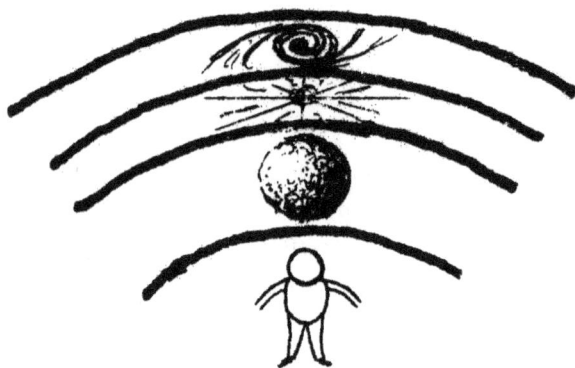

Al igual que Catherine o yo mismo, no eres más que uno de los 7.000 millones de seres humanos que deambulan por este planeta, el cual no es más que uno de miles de millones de planetas y planetoides que giran en torno a este sol, el cual no es más que una de las miles de millones de estrellas que dan vueltas en esta galaxia, la cual no es más que una de las miles de millones de galaxias que existen. ¡Y sabe Dios en cuántas miríadas de estas estrellas de todas estas galaxias se han desarrollado sistemas solares con planetas habitados por criaturas a la vez similares y muy diferentes a nosotros! Así es que te preguntamos: ¿Acaso podrías estar más perdido? ¿Acaso podrías ser más insignificante de lo que eres en tales inmensidades de espacio, tiempo y materia? ¿Acaso podría nuestra vida, con todas sus agonías y todos sus éxtasis, ser más insignificante de lo que ya lo es en un escenario como este? ¡Un grano de arena en el Sahara es más significativo e importante *en* y *para* el Sahara que nosotros para un universo como este!

¿Es posible que el precio que los seres humanos hemos de pagar por la cordura sea tener que hacer la vista gorda a nuestro verdadero estado en el cosmos? ¿De verdad ser deshonestos es la mejor política que podemos adoptar? ¡Nosotros decimos que no! Ya tenemos suficientes problemas, así que no añadamos de forma deliberada la estrechez de miras y el autoengaño. Pero, en semejante cosmos, ¿es concebible un remedio para la terrible enfermedad que es la falta de sentido? La probabilidad de que podamos encontrarlo y probarlo antes de que finalice este taller parecen remotas, pero no nos apresuremos.

Mientras tanto, lo que viene ahora es todavía peor, pues aún no hemos abordado el problema más insidioso e inmediatamente amenazante de todos cuantos nos atormentan. En el nivel humano: el dolor, la soledad, la guerra, la sentencia de muerte; en los niveles suprahumanos: la sensación de estar perdidos y la falta de sentido; en los niveles infrahumanos: el condicionamiento, la victimización, la esclavitud.

«¿De qué están hechas las niñas?», solíamos preguntar. «De azúcar, de especias y otras cosas lindas»[*], respondíamos. Pero hoy en día las cosas son mucho menos tranquilizadoras. Nosotros, niños y niñas, estamos hechos de millones y millones de animales diminutos de muchas especies, y no todos se dedican consistentemente a servir nuestros intereses. Además, cada uno

---

[*] Referencia a la canción infantil inglesa *What Are Little Boys Made Of?* (N. del T.)

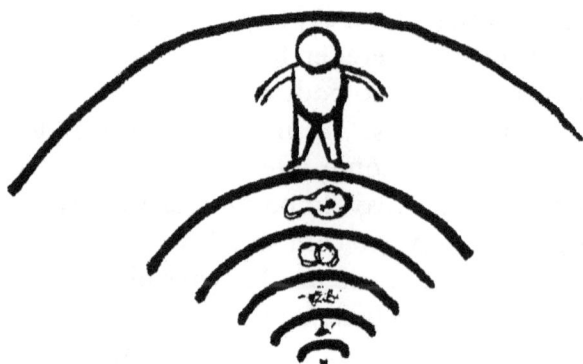

de ellos está formado a su vez por un montón de cosas no vivas llamadas *moléculas* que tienen sus propias leyes. Y lo mismo puede decirse de los átomos que componen dichas moléculas, los cuales son espacio vacío en su mayor parte. Y así sucesivamente hasta llegar a nuestros ingredientes finales, sean estos los que sean. Los físicos matemáticos profundizan en estas regiones misteriosas... O, mejor dicho, se pierden en ellas (todos nos perdemos en ellas).

Y hay mucho de lo que preocuparse en estos cinco niveles infrahumanos: células, moléculas, átomos, partículas y cuarks. Independientemente de cuáles sean mis anhelos y mis deseos, esta inmensa población interior mía me gobierna con vara de hierro, con un látigo, con un gato de nueve colas. Nunca he dado mi permiso para ser un hombre en lugar de una mujer, para ser propenso a sufrir episodios cardiovasculares, para ser gordo en lugar de delgado, para tener un carácter irritable en vez de apacible y sosegado, para sufrir las primeras etapas de la enfermedad (sea cual sea) de la que no tardaré en morir. Soy de mil formas distintas la víctima involuntaria de todo tipo de dictadores secretos y mezquinos pero poderosos, desde mis genes y cromosomas hasta el cuark y más allá de él.

Nosotros, los humanos, hablamos sin parar de la libertad. Según Catherine, que es francesa, este principio tiene prioridad

frente a la fraternidad y la igualdad. Pero, a la luz de la información que nos aportan las ciencias físicas y biológicas, ¿qué
precio hay que pagar por la libertad? ¿Acaso podría concebirse
un cautiverio más insidioso, implacable y multifacético que esta
esclavitud interior a la que estamos sometidos los humanos?
¿Podemos siquiera comenzar a imaginar un levantamiento
espartano contra estos dominadores?

Entonces, ¿hasta dónde hemos llegado en nuestra historia de
aflicción humana? ¿En qué punto nos encontramos en la actua-
lidad?

Pues nos enfrentamos a un triple problema: (1) el dolor de
nuestro nivel humano, (2) la falta de sentido de nuestros niveles
suprahumanos y (3) la esclavitud de nuestros niveles infrahumanos.

¿Por qué hemos considerado necesario ser tan negativos en
lo concerniente a la condición humana? Bueno, esta pregunta
se responde con otra pregunta: ¿A qué se debe que no nos
hayamos limitado a hacer lo que casi todos hacemos la mayor
parte del tiempo, es decir, barrer todo lo desagradable y meterlo
debajo de la alfombra, suprimirlo, ser conscientes de ello en
términos abstractos y generales cuando se aplica a otros pero, al
mismo tiempo, negarnos a conocerlo en términos concretos y
particulares cuando se aplica a nosotros mismos? ¿Por qué no
nos hemos unido a las filas de ese enorme grupo de personas
educadas e inteligentes que insisten con todas sus fuerzas en
que, a fin de cuentas, «tan solo somos humanos»? En otras
palabras, ¿Cuál es el motivo de que nos hayamos limitado a
seguir fingiendo que somos simplemente ranas que en modo
alguno continúan, se extienden o desbordan por el pantano que
tienen bajo sus pies (es decir, bajo sus «ancas») ni se desparra-
man hacia el cielo oscuro que se extiende sobre sus cabezas?
Solo ranas, nada más.

Bueno, si tenemos en cuenta lo amenazante que resulta
nuestra situación real, tal vez no sea de extrañar que optemos
por una vida de ensueño e ilusión, si bien salpicada con frecuentes pesadillas. Y tampoco puede sorprendernos que, como

consecuencia de lo anterior, nuestras vidas sean en muchísimos aspectos tan poco realistas e impracticables, que, por así decirlo, se encuentren siglos y siglos por detrás de la era científica. Del mismo modo, tampoco debe extrañarnos que hayamos perdido casi por necesidad la medicina que puede acabar con dicha amenaza.

[En este punto Catherine me interrumpe y toma la palabra]. Ya es más que suficiente. Ha llegado el momento de encontrar la medicina. Para empezar, echemos un vistazo nuevamente a nuestra jerarquía cósmica, la cual abarca desde las galaxias hasta los cuarks (¿o deberíamos decir hasta el bosón de Higgs?) y en la que nosotros mismos, los seres humanos, estamos encajonados o posicionados justo en el medio, justo en la encrucijada de nuestro triple problema. ¿En qué lugar de este cosmos multinivel encontraremos la «farmacia cósmica», la receta para nuestra triple dolencia? ¿Acaso se ha olvidado Douglas de incluir algún factor esencial en su diagrama, algún nivel en el que podría estar escondida esta medicina mágica?

Lo que voy a hacer a continuación, tomando como inspiración el famoso y excelente libro ilustrado *Potencias de diez*, es viajar por la jerarquía cósmica, comenzando más allá de las galaxias y con Douglas, aquí presente, como el espécimen hacia el que me dirijo. Os iré describiendo lo que voy encontrando sobre la marcha, mientras que, al mismo tiempo, vosotros podéis ir comparándolo con la ilustración de la página siguiente.

Al principio no encuentro nada, tan solo un espacio vacío carente de límites. Luego aparecen una serie de pequeños puntos de luz. Me acerco a uno de ellos y se va volviendo más grande y más brillante, hasta que es reemplazado por una espiral de luz que crece rápidamente, es decir, por una galaxia, que después es reemplazada a su vez por una vasta colección de estrellas. Ahora todas menos una se desvanecen, y esa única estrella se revela como nuestro sol, una estrella que ha desarrollado un sistema solar a su alrededor. Ahora el sol también desaparece y queda reemplazado por la Tierra, este hermoso

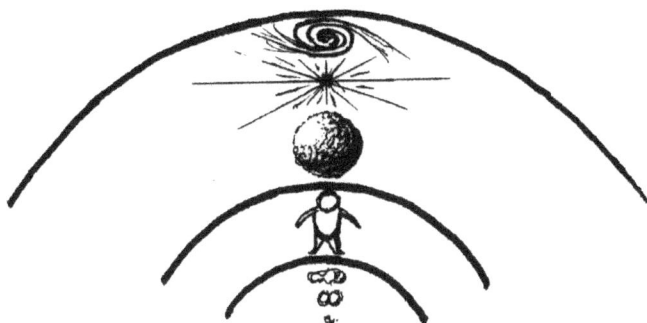

planeta nuestro. Al acercarnos a ella, va siendo reemplazada a su vez por un continente... un país... una ciudad... una calle... un edificio... una habitación (¡esta habitación!)...

«¡Te pillé!», proclamo a voz en grito. Y para demostrarlo saco mi cámara Polaroid y te saco una instantánea... Esta instantánea.

[En ese momento Douglas me interrumpe vigorosamente]. ¡No digas tonterías! ¡Estás por lo menos a dos metros de distancia de mí! Ahí fuera, a una buena distancia, tanto tú como tu cámara y mi espejo tenéis a Douglas, a ese hombre-rana que se encuentra a medio camino hacia abajo (o a medio camino hacia arriba) en la jerarquía cósmica. Lo cierto es que tan solo te encuentras a mitad de camino en tu viaje hacia mí, y si lo que quieres es encontrarme a mí esperándote al final del viaje, tendrás que llegar hasta aquí, hasta el lugar en el que estoy.

Catherine está de acuerdo. Reanudando su viaje hacia mí y tomando más instantáneas de lo que va encontrando por el camino, continúa su relato.

Ahora estoy perdiendo la mitad inferior de mi esposo... Ahora también su torso está desapareciendo... Solo me queda su cara... Sus ojos, su nariz y su boca son cada vez más grandes, y ahora desaparecen... dejando tan solo un trozo de piel... que también se desvanece cuando estoy tan cerca que ya casi le toco... Por desgracia, ahora he perdido todo rastro de él. Lo único que veo es un borrón.

Si estuviese equipada con una serie de cámaras sofisticadas, con los necesarios microscopios ópticos y electrónicos, etc., esta última etapa de mi viaje hacia él habría resultado mucho más interesante. Mi historia habría continuado de este modo. Ese trozo de piel, sometido a una inspección mucho más detallada, hubiese puesto de manifiesto una enorme manada de criaturas vivientes llamadas *células*, todas las cuales procederían igualmente a desvanecerse a excepción de una sola. Inspeccionada más de cerca resultaría ser un mundo muy extraño de órganos y orgánulos celulares, y después de moléculas simples y complejas que tienen estructura pero carecen por completo de color o de vida propia. Al acercarme a una de ellas la perdería igualmente, y en su lugar encontraría átomos, luego un solo átomo, luego una sola partícula, una partícula muy próxima a ser prácticamente nada. De hecho, he llegado al final (ciertamente decepcionante) de mi exploración cósmica. Por lo que parece, ¡el lugar en el que Douglas dice estar es precisamente el lugar en el que no está! ¡Me he quedado viuda!

La razón de este desdichado anticlímax no es difícil de entender. Siguiendo el ejemplo del libro *Potencias de diez*, me he olvidado de consultar a mi espécimen de estudio para que, de este modo, sea él quien complete mi relato externo con su propio testimonio tal y como lo percibe desde el interior. Y eso mismo es lo que le voy a pedir ahora. Llamo a su puerta y pregunto a voz en grito: «¿Hay alguien en casa? ¿Cómo se ve todo desde ahí dentro, Douglas?».

Él señala a aquello desde lo que está mirando y responde: «Ningún extraño puede llegar a este lugar en el que soy Nada. Solo yo puedo recorrer el camino en su totalidad, pero si ahora mismo, en lugar de mirarme *a mí*, te das la vuelta y te sitúas en el lugar en el que estoy para mirar *conmigo*, verás y serás la misma Nada consciente que yo soy, la Nada que es capacidad para Todo». (En ese momento el resto de los participantes del taller ven a Catherine y Douglas juntando sus cabezas mientras cada uno de ellos mantiene un brazo levantado hacia delante, brazos con los que abarcan el mundo entero). Esta Nada-Todo es la Realidad, la Fuente y el Centro de todos esos efectos y apariencias regionales que Catherine ha ido encontrando en su largo viaje hacia el Hogar, incluyendo, por supuesto, ese objeto humano que se halla a mitad de camino.

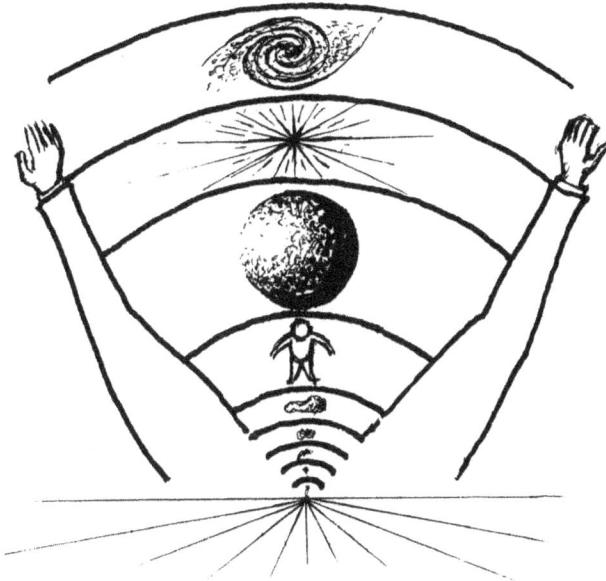

Ha llegado el momento de que todos los participantes hagan lo mismo que hemos hecho nosotros para que así verifiquen si llegan o no a las mismas conclusiones. Realicemos pues otro importante experimento (como lo son el del túnel o el de la cartulina) cuyo objetivo es ver y tomarse en serio la enorme diferencia que existe entre lo que somos en el Centro y lo que parecemos ser a una cierta distancia.

En las terapias al uso la enfermedad está *aquí* y la medicina *ahí*. En cambio, en esta terapia extraordinaria a la que estamos haciendo referencia, la enfermedad está *ahí* y la medicina *aquí*. El resto del taller lo dedicaremos a descubrir lo absolutamente adecuada y perfecta que es esta medicina para tratar esa enfermedad periférica, lo tremendamente eficaz que resulta contra esta triple dolencia: (1) en el nivel suprahumano, nuestra falta de sentido y la sensación de estar perdidos; (2) en el humano, nuestra soledad, nuestras bregas, y nuestro miedo a la muerte; y (3) en el infrahumano, nuestra esclavitud y nuestros condicionamientos.

Ese tipo que se encuentra a medio camino es infinitesimal, pero su Ser central es infinito. El primero está perdido en el universo, mientras que el segundo ve que es el propio universo el que está perdido (o más bien, encontrado) en él: tiene espacio más que suficiente para cualquier cantidad de galaxias. Este Punto hacia el que señala interiormente explota al instante en todas direcciones y más allá de todo límite. No es que crea o entienda intelectualmente su capacidad, sino que la percibe con más claridad incluso de lo que percibe su ausencia en ese pequeño individuo que se encuentra en el punto medio del recorrido. En claro contraste con los débiles brazos de ese personaje, estos brazos inmensos sostienen visiblemente el cosmos entero en un doble abrazo: el abrazo de la propiedad y el abrazo del amor.

Ahora veamos en detalle cómo es nuestro nivel humano. Ahí fuera, todos estamos configurados como si fuésemos pequeños fardos o bultos separados, paquetes preparados para ser enviados en breve al infierno. En cambio Aquí, en el Centro, no tenemos nada con lo que expulsar o mantener alejados a los demás; aquí, en el Cielo, cada uno de nosotros desaparecemos en favor de los demás. No es que generemos de manera forzada sentimientos de amor hacia los otros, sino que sencillamente dejamos de resistirnos al simple hecho de que estamos abiertos de par en par los unos para los otros, de que estamos diseñados para amar.

Es obvio que ese pequeño tipo ha sido construido para estar cerrado, lo que significa que, al igual que todo lo demás, ha sido creado para morir. Todo (todas las cosas) perece, pero en el Centro somos Nada (ninguna cosa) y, por lo tanto, somos imperecederos: somos la No-cosa que está en todas partes, que todo lo abarca, que todo lo contiene y que está completamente despierta. Ni la muerte ni el miedo a la muerte pueden llegar allí donde no hay nada que pueda morir (ni tampoco pueden alcanzar a las Cosas-como-Totalidad). Este cosmos, esta espléndida jerarquía de niveles y partes mortales que Catherine ha explorado, es una Totalidad indivisible e indestructible, y esta Totalidad es nuestro verdadero Cuerpo, el Organismo del cual todos los distintos cuerpos son órganos, la Vida Una en virtud de la cual se viven todas las vidas particulares. ¡No me digáis que este Cuerpo real que todos compartimos es confuso, que está en desorden o que resulta desagradable! Si sois capaces de conjurar un organismo físico más elegante, espléndido, eterno y celestial, me encantaría que me lo dijeseis.

Llegados a este punto en el taller alguien pregunta cómo puede ayudarnos a la hora de afrontar el dolor físico el hecho de vivir conscientemente desde nuestro verdadero Centro. Douglas dice que, en comparación con Catherine, él es un cobarde, por lo que ella es la más adecuada para responder a esta cuestión tan importante: «Llevo muchos años padeciendo artritis, sobre todo en las manos, y recientemente también dolores de cabeza, y me he dado cuenta de que el dolor, si bien en modo alguno queda abolido, sí que se transforma de manera sutil. De hecho, es inevitable que haya una gran diferencia cuando se afronta desde Aquello que soy, desde el Uno que soy, en lugar de afrontarlo desde Catherine, desde la posición que ocupa mi ser individual. La manera de descubrir esta diferencia es regresar al Hogar y verlo por uno mismo».

Bien, pero ¿qué pasa con el tercer problema de nuestra triple dolencia, es decir, ese condicionamiento quíntuple impuesto por los ingredientes que nos componen (y que son nuestros amos), esa esclavitud del ámbito infrahumano? Bueno, tan solo hay una región, un órgano en todo nuestro cuerpo, que esté absolutamente libre de todo condicionamiento y al que ninguno de esos mandamases puede llegar, y ese lugar es el Lugar en el que no hay Nada a lo que llegar, nada sobre lo que mandar. Aquí, en el mismísimo Núcleo Central, en la Fuente de tu

Cuerpo, es donde se encuentra la libertad absoluta, ¡por la sencilla razón de que (muy inteligentemente) ya estás completamente ausente del Lugar en el que estás completamente presente! ¡Un truco que sin duda desconcierta hasta al más despiadado de los tiranos! Por decirlo en pocas palabras, como lo que eres Ahí donde eres, eres la Libertad misma.

Por lo tanto, Aquí es donde se encuentra nuestro prometido final feliz. Tú eres la triple Cura para tu triple dolencia. ¿Acaso cabría imaginar una Medicina más adecuada para esta enfermedad, más accesible, más sanadora, menos sujeta a efectos secundarios yatrogénicos o a la posibilidad de sufrir una sobredosis? ¿O, para el caso, una Medicina más subestimada o menos recetada?

Somos nosotros quienes hemos de tomarla y descubrir lo exhaustivos y acumulativos que son sus efectos. No conozco ninguna situación ni ninguna actividad que no se beneficie de forma radical de grandes dosis de este tratamiento. Y, después de todo, no es de extrañar que lo que hace conscientemente Aquel que soy en el Centro resulte mucho mejor que lo que lleva a cabo ese otro tipo que les parezco ser a los demás cuando me ven desde fuera. Catherine y yo no estamos negando que este régimen sea difícil, pero nos apresuramos a añadir que, según nuestra propia experiencia, a largo plazo las alternativas existentes siempre resultan aún más difíciles y dolorosas.

Todos, incluso los más sanos entre nosotros, necesitamos tomar esta Medicina. Por suerte, vivimos en lo que realmente es, en el verdadero sótano, una auténtica Farmacia del tamaño del universo; o incluso podríamos hablar de un Universo Sacramental, pero en ese caso (si se me permite adaptar los versos de Coventry Patmore):

Cuán desperdiciado el Pan
y cuán derramado el Vino
que degustado ahí donde no hay nadie para degustarlo
ha convertido a las bestias en hombres
y a los hombres en divinos.

4

Cruce de caminos

E S POCO PROBABLE QUE en un futuro próximo lo editores de la fantástica revista *Which?* publiquen un número sobre cómo elegir, no ya un coche, una videocámara o una carrera, sino nuestra «carrera espiritual», nuestro camino de regreso al Hogar. Así es que no nos queda más remedio que ponernos manos a la obra nosotros mismos y esbozar, aunque sea de forma breve y a grandes rasgos, las distintas opciones disponibles, con sus pros, sus contras, sus costes, etc.

Consideremos los hechos. La mayoría de los jóvenes inteligentes y responsables dedican tiempo a elegir cuidadosamente qué carrera «terrenal» hacer antes de decantarse por una, sopesan las ventajas frente a las desventajas de las diferentes profesiones y se dejan aconsejar por otros. Incluso puede que se animen a probar alguna de las opciones, para, por así decirlo, tantear la temperatura de esa «piscina vocacional» en concreto antes de lanzarse de cabeza en ella. Son muy pocos los que tropiezan por accidente o por negligencia con en el grueso de una carrera a la que van a tener que dedicarse de por vida. En cambio, ¡qué diferentes son las cosas cuando se trata de que esos mismos jóvenes inteligentes y responsables elijan (si es que lo hacen en absoluto) algo que es inconmensurablemente más importante: su «profesión espiritual»! Simplemente son empujados hacia ella por algo que tiene todas las características propias del puro azar, de la elección fortuita; un amigo de un amigo al que le sobraban entradas para una conferencia fascinante...; que nos engatusen (o directamente nos obliguen) para que leamos algún libro que es la bomba...; que nos encontramos en el tren con aquella persona tan encantadora que nos habló de su gurú y acabó seduciéndonos para que también nos convirtiésemos en su discípulo...; o un panfleto que apareció revoloteando en el felpudo de casa en un momento en el que nos sentíamos perdidos, hastiados y sin saber qué camino tomar, un panfleto que casi iluminó y clarificó todo de repente...; o tal vez nos limitamos a deslizarnos inconsciente e irreflexivamente en la fe que profesan nuestros padres, la cual viene condicionada totalmente por nuestra situación geográfica, clase social y nivel de vida...; y así sucesivamente. Sea lo que sea lo que en tu caso te hiciese emprender el viaje espiritual, apuesto a que no fue un estudio cuidadoso y pormenorizado del territorio espiritual, junto con todos los senderos, caminos y carreteras secundarias que lo atraviesan y sus respectivas condiciones de tráfico (al menos, no más de lo que ha sido en mi caso). No. ¡Ni mucho menos!

Bueno, de todos modos aún no es demasiado tarde para arreglarlo. Independientemente de lo experimentado o no experimentado que sea el viajero que transita por cualquier autopista, de a dónde le ha llevado o le ha dejado de llevar, cuanto mejor conozca las condiciones de la carretera por la que va a viajar, mejor para él; visibilidad, condiciones meteorológicas, flujo del tráfico, accidentes, obras, desvíos provisionales... No es ni seguro ni sensato hacer la vista gorda o hacer oídos sordos a todo aquello que nos indique (ya sean señales visuales o información transmitida por radio) las condiciones que nos esperan. Y esto se vuelve especialmente importante cuando se trata de la carretera espiritual, ese camino de vuelta al Hogar en el que tanto tú como yo nos encontramos. De ahí la importancia de llevar a cabo esta indagación.

Llegados a este punto podrías decirme que en realidad tu compromiso con una vía espiritual particular no es fortuito, sino que ha venido determinado por tu temperamento, tu carácter o tu personalidad. Algunos nos sentimos más atraídos de forma natural hacia la búsqueda de la Verdad, otros hacia la búsqueda de la Bondad y otros hacia la búsqueda de la Belleza. O, si tu fe está basada en alguna tradición oriental, es posible que me señales lo mucho que puede variar la dotación espiritual o la herencia kármica de cada uno, con el resultado de que pocos gravitamos hacia la vía del Conocimiento, del Sabio o el Vidente; muchos gravitan en la órbita de la Devoción, de la entrega a Dios o a una de sus encarnaciones especiales, uno de sus representantes; y un cierto número tiende más bien hacia la vía de las Buenas Obras, del servicio desinteresado a un mundo que sufre. Y, además, añades: «Deja que sea fiel a mi verdadera vocación, a mis talentos (tal y como se presentan) y tarde o temprano estos me llevarán de vuelta a casa. Yo sigo mi propio camino y me ocupo de mis asuntos, si bien soy plenamente consciente de que otros viajeros eligen tomar otras vías y conducir otra clase de vehículos que probablemente funcionen con otro tipo de combustible. ¡Les deseo buena suerte!».

Un argumento plausible, pero que encuentro poco convincente por dos razones. En primer lugar, debo decir que esta apelación a mi temperamento, mi disposición o mi carácter no significa demasiado para mí. No sé tú, pero yo no puedo estar en absoluto seguro de si soy del tipo intelectual, del tipo sensual-sensitivo, del tipo emocional, del tipo activo, del tipo perezoso, un artista callejero frustrado o (por la gracia de Dios) alguna clase de idiota con un cierto nivel de conciencia. Lo que es más, ningún extraño está en condiciones de aclarármelo. La información que recibo de mi propio interior me dice que, de tener un cierto carácter, sería más bien una especie de brebaje de bruja en el que están incluidos todos estos ingredientes y muchos más. Y cuál de ellos sale a la superficie depende de quién esté revolviendo el caldero en ese momento.

Mi segunda (y principal) razón es la siguiente. Aunque ciertamente es posible llegar a Casa siguiendo una sola ruta, nuestra estancia ahí es en verdad breve, nuestra visita es, en el mejor de los casos, una visita fugaz. De hecho, tal y como mantendré más adelante en este capítulo, afirmo que para llegar al Hogar, disfrutar del Hogar y sentir que estamos en nuestro Hogar tenemos que llegar a él tomando un cierto número de rutas diferentes. De modo que, en última instancia, el enfoque que hemos de adoptar ha de ser lateral y no meramente lineal, una convergencia desde todos los ángulos en lugar de una mera aproximación paulatina unidireccional. De esto se desprendería que el así llamado *carácter* o *temperamento* no es más que una restricción imaginaria que hemos de dejar atrás, y no una verdadera idiosincrasia que cultivar.

O tal vez (y seguramente con más motivo) en lugar de invocar el fantasma del temperamento, lo que estás haciendo es interpretar ese «suceso casual» que te colocó en un primer momento en una vía espiritual concreta no como un suceso casual en absoluto, sino como la sabia aplicación de una especie de Providencia benevolente que todo lo ve. En ese caso, sugiero que esta misma Providencia (que es sin duda el Todopoderoso por excelencia y el Príncipe de la amplitud de miras y la mente abierta, y en modo alguno quisquilloso o específico en lo que respecta a qué camino seguir para llegar a Él, al Hogar) acogerá con entusiasmo tu descubrimiento de hasta qué punto ese camino especial tuyo que Dios te ha dado está relacionado con todas las otras vías especiales dadas por Dios, y que en su conjunto constituyen, tal y como veremos, un único e indivisible sistema de tráfico, un único flujo que desemboca en nuestro verdadero Hogar.

En cualquier caso, estas son las cuatro opciones que vamos a examinar:

Ruta 1 - La vía del veedor

Esta es la vía del Observador de lo dado, de lo que es verdad, cuyo viaje al Centro de Todas-las-cosas es el mismo que su viaje a su propio Centro.

Ruta 2 - La vía del devoto

La vía de la autoentrega, del Amor que nos hace olvidarnos de nosotros mismos, y que siguen aquellos cuyo viaje al Hogar es el viaje al Otro Divino, el Único al que rendirse y entregarse.

Ruta 3 - La vía del siervo

Esta es la vía del «bienobrante», del hacedor del Bien, quien, por así decirlo, llega al Hogar de forma accidental al ayudar a los demás a avanzar en esa dirección.

Ruta 4 - La vía del artista

Cuyo camino a Casa es una búsqueda, una creación y una dedicación a la Belleza.

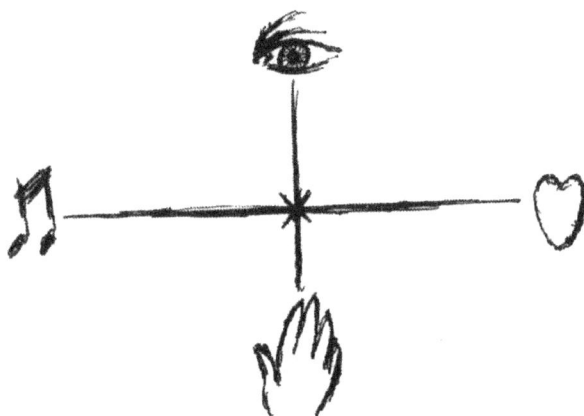

Ruta 1: La vía del veedor

Ventajas

De todas las rutas que llevan al Hogar, esta es con diferencia la más rápida y directa, y además aquí no hay límite de velocidad ni en un sentido ni en otro. La única regla de esta carretera (y es una obligación) es que el pasajero se guíe exclusivamente por lo que ve y no por lo que haya podido escuchar a otros. La marcha es fluida y el tráfico ciertamente ligero. Para todos los que siguen esta ruta, este es el camino obvio, y les resulta de lo más sorprendente que sea tan poco popular.

Para que puedas comprobar por ti mismo lo obvia, rápida y directa que es esta vía, te ruego que por favor emprendas este «viaje de viajes» en este mismo momento. La ilustración te

muestra qué hacer (al tiempo que no te perdona que no lo hagas). Sostén un espejo de mano con el brazo estirado y mira la cara que ahí ves como si fuese la primera vez. Observa con cuidado a qué distancia está, lo pequeña, complicada y opaca que es, lo empaquetada o encerrada que está en sí misma para exclusión de todo lo demás. Por no mencionar su brevedad, su fugacidad... Hoy está aquí y mañana ya ha desaparecido.

Muy bien, eso es lo que eres para ti mismo y para los demás en ese país lejano, en ese territorio distante que se encuentra a gran distancia del Hogar.

Ahora, con la ayuda del dedo índice, emprende este viaje de viajes lentamente y con el debido cuidado y atención a lo largo de esa carretera que es tu brazo extendido, cubre todo el recorrido que va desde tu muñeca hasta tu codo y todo el recorrido que va desde tu codo hasta... ¿hasta *qué*?

Seguramente hasta lo que, *según la evidencia presente*, es la *ausencia* de cuello, de nuez, de barbilla, de todo; hasta la Nada, la No-cosa, el Espacio inmenso, la Vacuidad o la Claridad completamente Despierta (repito, completamente Despierta), hasta la Apertura que te acoge y te saluda al final del viaje.

De todos los hogares posibles, el tuyo es el que se encuentra en la escala más grande. ¿Acaso podría haber más contraste entre este Palacio desde el que estás mirando en tu extremo del brazo y ese otro «no-sé-cómo-llamarlo» que ves en el extremo opuesto? ¿O, para el caso, podríamos pasarlo más por alto de lo que habitualmente lo hacemos? Y, lo que es más importante, las instalaciones se ajustan perfectamente bien a su ocupante. Por el amor de Dios (y por tu propio bien y el de todo lo demás), comprueba que estás aquí y no allí —ahí fuera— y que aquí, en tu Hogar, puedes ver que eres completa y perfectamente inmenso, perfectamente transparente, perfectamente abierto, perfectamente inmortal.

Sí, tu camino de regreso a Casa por la ruta 1 es así de fácil, así de obvio, de rápido... ¡y de gratificante! Y déjame asegurarte (te doy mi palabra) que esta travesía del tamaño de un brazo no es un mero paseo, una imitación o una simple vista previa o versión inferior de tu viaje de retorno al Hogar; siempre y cuando te tomes la molestia de coger un espejo y de viajar con el debido cuidado y atención y con una mente abierta, esta vía es completamente real, es el camino adecuado y te llevará justo hasta la meta. Pero, en ese caso, ¿por qué es tan poco popular y tan poco frecuentada?

Desventajas

Bueno, también existen varias razones, varios inconvenientes (tanto reales como imaginarios), varias excusas más o menos falsas o engañosas para evitar la ruta 1 como si fuese la peste, o incluso para borrarla del mapa por completo.

No hay que irse demasiado lejos para encontrar la primera y más importante razón. Tanto es así que ya la hemos mencionado. Probablemente hayas notado que esa claridad sin límites en la que se desvanece tu hombro no ha sido más que el más breve de los destellos, el más fugaz de los vislumbres. De hecho, es posible que ya te hayas preguntado «¿Por qué molestarse en viajar a un lugar en el que no se nos permite hacer ni una breve parada para ver el paisaje, ya no digamos aparcar y permanecer ahí un rato?». La verdad es que solo después de muchas de estas visitas fugaces se nos dispensa finalmente un ticket de estacionamiento y, como es comprensible, hay muy pocos viajeros que sean lo suficientemente pacientes y persistentes como para conseguirlo.

La segunda razón de la impopularidad de la ruta 1, la vía del veedor, es igualmente convincente y cercana; en este caso el problema radica en lo aburrido, monótono y poco interesante que es el territorio que recorre esta autopista. Dime, ¿te has sentido emocionado o entusiasmado, te ha hecho estremecerte este recorrido que has seguido desde tu mano hasta tu boca? ¿No es cierto que ha sido cuesta abajo todo el tiempo? Tanto tú como yo hemos leído mucho sobre las delicias y los consuelos de la vía espiritual (de cualquier vía espiritual digna de tal nombre), pero ¿cuántas de esas delicias y placeres gloriosos, cuánto de ese maravilloso consuelo has podido disfrutar en este viaje, el más breve y el menos emocionante de cuantos puede haber? ¿O cuántas delicias crees que podrás disfrutar si lo repites una y otra vez sin descanso por toda la eternidad, como una especie de Euroshuttle demente que se ha quedado embelesado con el paisaje que puede verse a lo largo del túnel?

Llegados a este punto me gustaría añadir a la lista un tercer inconveniente de mi propia cosecha. Medio siglo dedicado a observar a los viajeros que recorren esta vía (por supuesto, incluyéndome a mí mismo) me ha persuadido de algo: de lo increíblemente fácil que es llegar al Hogar de forma regular usando esta ruta y aún así no estar ni tan siquiera cerca de la autoentrega, de la humildad y la compasión activa (por no hablar del disfrute de la belleza que está presente en todas partes) que con toda seguridad alcanzaríamos si permaneciésemos en este Hogar el tiempo suficiente para poder darles una oportunidad. Tal como están las cosas, nosotros, los veedores, no somos santos. De hecho, la impresión que tengo es que, tarde o temprano, ¡todos y cada uno de nosotros vamos a darnos cuenta de que no somos mejores sino bastante peores que cualquier otro ser humano decente promedio! En ese caso, muy bien pudieras preguntarte cuál es el precio de la espiritualidad.

Si todos estos motivos ya son de por sí suficientemente malos, la cuarta desventaja de la ruta 1 es aún peor, y con diferencia la que más ahuyenta, desanima y disuade a la gente a recorrerla. Es muy posible que en lugar de hacer que te sientas pleno y satisfecho, esta senda te haya dejado atemorizado, o incluso francamente espantado. Y no es de extrañar. Puede que ese «tú» que no deja de aparecer en el espejo tenga miles de defectos, que en conjunto no sea demasiado bueno y que, de hecho, no sea más que un criminal condenado que aguarda el momento de su ejecución; por supuesto que todo eso es cierto, pero al menos, aunque sea brevemente, ese tú *existe*. Al menos ese tú está hecho de *algo*, por insignificante que sea. Al menos como ese tú eres *alguien*, da igual lo solitario, perdido y falto de

amor que se encuentre entre los miles de millones de individuos (de otros «tús») igualmente desdichados.

Pero hasta esa minúscula chispa, ese parpadeo de satisfacción y bienestar, se esfuma en el aire al final de la ruta 1. Te
pregunto y me preguntas: «¿Qué demonios hay de bueno en
esforzarse de manera persistente y laboriosa en alcanzar el
Hogar, cuando lo único que descubrimos al hacerlo es que
hemos desaparecido por el camino? ¿Qué tipo de bienvenida se
nos da en este Hogar en el que no hay absolutamente nadie a
quien recibir? ¡Y dicen que hoy en día es arriesgado viajar por
carretera! ¡Pues aquí tenemos una autopista de la que podemos
estar seguros que es letal!».

En resumidas cuentas, todo esto constituye una formidable
acta inculpatoria. Sin embargo, estoy encantado de poder asegurarte que existe una respuesta radical a toda esta serie de
objeciones. Más aún, la ruta 1 nos conduce a ella por sí misma,
al lugar en el que adopta esa forma de cruce lobulado de carreteras o de trébol de cuatro hojas (en este caso, al menos, un
verdadero trébol de la suerte) que tan familiar les resulta a los
conductores.

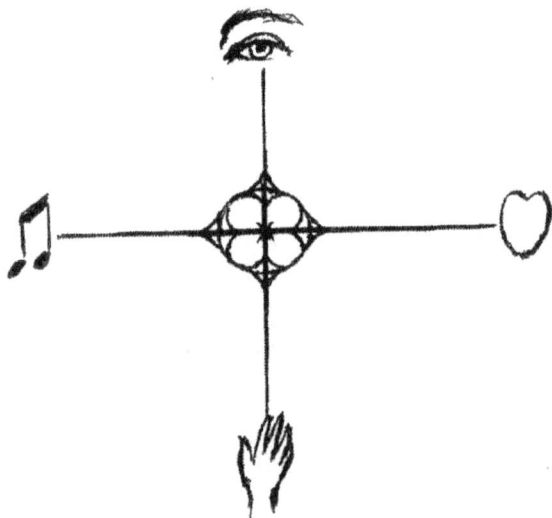

Déjame que lo exprese de un modo más pintoresco. Es frecuente que las obras en las carreteras principales, los accidentes en los que se apilan vehículos y más vehículos o las condiciones meteorológicas bloqueen la recta final de la ruta 1. El resultado es que he de desviarme hacia uno de los otros tres caminos, a una de las otras tres ramificaciones del trébol que hemos visto conducen a Casa. La verdad, por supuesto, es que estas retenciones y estas demoras resultan ser una bendición disfrazada, pues aseguran que mi camino lineal hacia el Hogar también se desarrolle lateralmente, que mi enfoque unilateral se convierta en una convergencia desde todos los ángulos posibles. No es tanto que el veedor persistente se vea lanzado forzosamente hacia la devoción, el servicio amoroso y desinteresado y la belleza, sino más bien que se le facilita el acceso a estas vías, de modo que por fin se le pueden aplicar las palabras del Mundaka Upanishad: «Habiéndose aproximado desde todas partes a aquello que está en todas partes, ahora, completo, penetra en la Totalidad».

En esto el viajero no tiene ningún mérito. Sencillamente es así, es el modo en que está configurado. Entonces y solo entonces se le entrega un bono ilimitado de tickets de aparcamiento para usar hasta en el mismísimo centro de la ciudad. Y por fin se halla en la posición adecuada para darse cuenta de que aquí y solo aquí se encuentra su perfección, su incomparable seguridad, en el lugar idóneo para comprender lo ridículos que eran todos esos temores de aniquilación.

Así es que, resumiendo, sea cual sea la vía al Hogar que hayas elegido o dejado de elegir, te ruego que por favor le des una oportunidad a la ruta 1 por las siguientes buenas razones: Es económica, directa, rápida, se encuentra en buenas condiciones y, en última instancia, no se puede pasar por alto. Pero no esperes demasiado de ella a menos que (y hasta que) la hayas transitado con tanta frecuencia que las condiciones variables en las que pueda encontrarse la carretera (y con eso me refiero a las dificultades, las retenciones y las demoras que la vida siempre nos pone por delante) te aseguren que has viajado también lo suficiente por el resto de rutas que conducen al Hogar, y sobre todo por la ruta 2. Así descubrirás qué quiere decir Dios cuando te exhorta de este modo, como lo hizo con Al Niffari: «Satisfáceme como a tu ojo, y yo te satisfaré como a tu corazón».

Ruta 2: La vía del devoto

Ventajas

El viaje de regreso a Casa por esta ruta (el camino del Corazón) contrasta fuertemente en casi todos los aspectos con el viaje de la ruta 1 (que sería el camino del Ojo). La ruta 1 era fría, en ocasiones gélida, mientras que esta otra es cálida y a veces hirviente. Aquella consistía en la contemplación de un Vacío, de una Vacuidad, de una Ausencia que no es más emocionante, adorable, colorida, bella ni fragante que un agujero en el calcetín. Esta en cambio nos genera una sensación que no solo huele a rosas y es color de rosa, sino que a menudo también resulta tan hermosa como esas flores, un amor encantador que se derrama sobre un Ser, una Persona o Superpersona totalmente adorable. La primera vía suponía un ejercicio severo de autoconfianza, no llevarse a uno mismo a ningún refugio exterior (tal como el Buda recomendara encarecidamente), mientras que esta segunda ruta supone la autorrendición, una entrega calmada y relajada, un reclinarse soltando un suspiro de alivio sobre ese Uno que sabemos nunca nos va a decepcionar. El camino del Ojo era poco más que una rutina triste y solitaria; el camino del Corazón es un viaje de placer que realizamos en un autobús repleto de alegres devotos que son nuestros compañeros de viaje. Y, por supuesto, no existe nada que nos atrape tanto y que derribe las barreras de un modo tan inmediato como la adoración comunitaria del mismo Alguien divino, independientemente de que ese Alguien sea el Único, el

Uno real o (lo más probable) alguna manifestación considerada muy especial que suplante y haga las veces de dicho Uno.

Está claro que, debido a todo esto, no es de extrañar que la ruta 2 sea mucho más popular que la 1. Además, no es solo una carretera atestada de viajeros, sino que también es obligatoria. Hasta cierto punto cuando estamos *en el camino*, y en el grado más elevado posible cuando llegamos al Hogar desde cualquier dirección, nuestra voluntad personal y superficial ha de quedar subordinada a la voluntad del Uno que real y verdaderamente somos. Única y exclusivamente cuando no tenemos ningún objetivo personal, cuando no tenemos Nada (Ninguna-cosa) que declarar en el control de aduanas del Cielo es cuando se nos permite entrar para siempre.

Desventajas

En realidad, esta entrega de nuestra voluntad personal es el requisito más difícil y exigente que se pueda imaginar. Es tan exigente que del elevadísimo número de personas que emprenden la marcha por este camino y del considerable número que consigue recorrer un buen trecho del mismo, son muy pocos los que llegan al final del viaje y permanecen en la meta un cierto tiempo. Y de ese modo lo que ocurre es que los tramos finales de esta vía en realidad no son más transitados que los de la ruta 1. Incluso es posible que lo sean bastante menos.

Además, un par de peligros formidables acechan en el camino. El primero es el riesgo de descubrir que el maestro adorado no merece nuestro respeto, ya no digamos nuestra adoración. Después de todo, cualquiera que reclame (o no niegue) un título como *Sat-guru* (término sánscrito que significa 'maestro con inspiración divina') o *Maharaj* ('gran Rey') o *Swami* ('el Señor') o *Bhagwan* ('Dios') o alguno de los no tan elevados ni ambiciosos equivalentes occidentales, en realidad está estableciendo un estándar muy alto para sí mismo, lo que prácticamente equivale a decir que se está metiendo en problemas. Y si se descubre que toda su vida no ha sido más que una negación de los mismos valores en los que insiste en enseñar, entonces, para consternación de sus discípulos, hay que añadir el escándalo público y la consecuente denigración de la espiritualidad en general. No digo que esto sea lo que sucede normalmente, sino que es algo que ocurre, así que, ¡devotos, tened cuidado!

El segundo peligro es que, incluso si el maestro renuncia a ese título y su propósito no es la búsqueda del poder, aún existe un alto riesgo de que la devoción personal del discípulo por esa figura concreta resulte tan adictiva que se detenga ahí, con ese maestro. Casi se podría decir que cuanto menos atractivo sea el maestro, mejor, porque así es menos probable que mantenga al discípulo retenido y alejado (por un largo trecho) de Dios (en este sentido, me vienen a la mente san Juan de la Cruz y san Vincent de Pau, pues ninguno de los dos se caracterizaba precisamente por irradiar un halo de santidad). Está muy bien que el maestro insista (cabe esperar que con perfecta sinceridad) en esto: «Si no estás dispuesto o no estás listo para rendirte a Dios, al menos, como primer paso hacia la verdadera meta de toda devoción, ríndete a mí». Con demasiada frecuencia este ha demostrado ser el último paso en esa dirección, y el pobre discípulo se queda tirado en la cuneta de manera indefinida, muy lejos de su Hogar, estancado probablemente, si es cristiano, en la adoración idólatra del Jesús humano, haciendo caso omiso de su advertencia de que solo Dios es bueno, la cual pronunció dirigiéndose a aquellos que fueron lo suficientemente temerarios como para llamarle «Buen Maestro». No olvidemos que este título queda muy por debajo del de *Maharaj* o Gran Rey, por no hablar de *Bhagwan* o Dios.

J. J. Ollier, un guía espiritual de gran prestigio del siglo XVI, tenía muy buenas razones para decir que «[incluso] ver a Jesús en su humanidad puede ser un impedimento para ver a Dios en su pureza».

Pero he de apresurarme a repetir que, a pesar de lo inciertas que son las condiciones de esta vía y de los riesgos del viaje, al final todos tenemos que recorrer este camino (y recorrerlo, de hecho, hasta el final). Y ahí se encuentra la rendición suprema, que es nuestra para tomarla, para fundirnos con ella, para entregarnos por completo a ella pero, con toda rotundidad, no para lograrla o conseguirla. En lenguaje cristiano, no es sino la participación en la Procesión divina de las personas, en la adoración del Padre a Sí Mismo bajo la forma de algo *distinto* de Sí Mismo: como su Hijo. Y al contrario, la participación en la adoración del Hijo a Sí Mismo como otro *distinto* de Sí Mismo: como el Padre. ¡Claro que sí! La fragancia de la Auto-adoración no es más dulce en Dios que en el hombre. En verdad, solo Dios es totalmente ajeno a todo olor desagradable. Solo en Él, que es el Amor mismo, nuestro amor no se mezcla con el amor propio.

Ruta 3: La vía del siervo

Ventajas

Comparativamente, esta vía de regreso a Casa puede parecer más segura y libre de controversias que las demás. De hecho, el ciudadano medio bien informado, aquel que se comporta como dictan las normas sociales, nos dirá que es la única Vía verdadera, la Vía con mayúsculas, y que las demás (suponiendo que aparezcan en el mapa) tienden a generar un egocentrismo mórbido y una exagerada preocupación por uno mismo. Dar de comer al hambriento, vestir, dar cobijo y educar al pobre, sanar a los enfermos: esta es la verdadera vida del Espíritu, que consiste en pasarnos por alto a nosotros mismos y a nuestro bienestar y dedicarnos abnegadamente a cuidar a los demás. Y, por supuesto, tienen parte de razón. La así llamada «espiritualidad» que excluye a los demás y no se conmueve ante sus aprietos y calamidades es falsa, un fraude. Una vez más, expresado en términos cristianos, el mendigo leproso es Cristo viajando de incógnito, y cualquier cosa que puedas hacer por él la harás por Cristo y en el propio espíritu de Cristo, que se preocupa más por el mendigo que por toda esa especie de competición por ver quién es más espiritual que encontramos en la cristiandad.

Desventajas

De nuevo, si esta es la única vía que recorremos, casi con toda seguridad nos encontraremos con problemas y dificultades y quedaremos muy lejos de alcanzar nuestro verdadero Hogar. Si bien es cierto que ninguno de nosotros puede permitirse eludir este camino, también lo es que nadie puede darse el lujo de estar ciego a sus riesgos y peligros. Veamos tres de ellos.

Ser un benefactor dedicado, abnegado y olvidado de sí mismo, alguien que actúa única y exclusivamente por pura compasión, sin ningún tipo de elogio o de congratulación hacia sí mismo por haber adoptado el papel de santo, es sumamente difícil. ¡Qué digo! ¡Es imposible! ¿Acaso fueron san Vicente o la Madre Teresa así de santos? No puedo imaginarme a nadie llegando al Hogar utilizando solo este medio. Ha de combinarse con otros, con otras vías. Con la ruta 1, por ejemplo, donde la protección contra la autocongratulación del viajero radica en la propia desaparición de cualquier persona a la que poder felicitar. No es que el destinatario de nuestros actos de caridad vaya a rechazar airadamente nuestra preciosa motivación, claro está. Y sí, por supuesto que siempre es mejor un poco de caridad, aunque sea de la clase que nos hace darnos palmaditas en la espalda, o incluso mucha caridad de este tipo, que ninguna caridad en absoluto.

Al problema de las muy variadas motivaciones que podemos tener para practicar la caridad le acompaña también el de las muy variadas consecuencias que dicha caridad puede tener. ¿Qué hay de los poco deseables resultados que pueden producir nuestros actos más amables y mejor intencionados? ¿Qué hay de los imprevistos efectos colaterales que pueden conllevar hasta los remedios que consideramos más efectivos? Manifiestamente, la ayuda a corto plazo tiene una desagradable tendencia a convertirse en obstáculos a largo plazo. No cabe duda de que ayudar a los necesitados a dejar de necesitarnos es la mejor de las ayudas, pero esta clase de apoyo no es ni sencillo ni demasiado común.

Finalmente (y lo más importante), queda la pregunta de qué grado o nivel de ayuda es verdaderamente útil. El servicio material e incluso el psicológico, sin tener en cuenta sus resultados espirituales, pueden acabar constituyendo el más grave perjuicio. Estoy pensando en esos «cristianos de boquilla» cuya conversión por parte de misioneros bienintencionados resultó ser peor que inútil. O en los analgésicos inductores del coma que tan generosamente se administran a los moribundos, con el resultado de que el regreso al Hogar que podría haber sido la aventura culminante y más importante de la vida del paciente queda obliterado y envuelto en una densa niebla. En resumen, darle al paciente o al mendigo todo lo que quiere, sin más consideración, no es más seguro que darles y permitirles a nuestros hijos todo lo que nos piden. Por otro lado, darle al pobre lo que creemos que necesita puede ser desastroso. Torquemada quemó vivos a miles de herejes porque creía que era bueno para sus almas. Pensaba que así en el último minuto podrían ser salvados del fuego eterno.

¿Qué hacer entonces? ¿Cómo descubrir lo que una persona necesita realmente? Los problemas con los que nos encontramos a lo largo de la ruta 3 están empezando a parecer tan irresolubles que muy bien podrías pensar que más bien se trata de un desvío y no una vía hacia el Hogar en absoluto.

Pero no te preocupes, alma cándida, pues existe una salvaguarda contra las imprevistas e imprevisibles malas consecuencias de nuestras buenas obras, así como contra el resto de inconvenientes de este camino de vuelta a Casa. Dicha protección no consiste en hacer una serie de cálculos exactos y ajustados de los posibles resultados ni en ningún otro tipo de argucia o de astucia basada en el intelecto o el raciocinio. No te sorprenderá saber que consiste en complementar este viaje a Casa de la ruta

3 con viajes frecuentes por las otras rutas, y en particular por la ruta 1. Y el modo de hacerlo es el siguiente.

Mientras miras hacia tu propio interior para ver Qué eres y Dónde estás realmente, mira también hacia el exterior, de un modo completamente natural, de modo que veas también lo que sea que tengas entre manos en ese momento. No sigas preguntándote por qué te comportas del modo que lo haces, no intentes prever todas las consecuencias de tus actos. Deja de permanecer ciego a tu Ojo Único, que es el Ojo del Uno que Ve, deja de pasar por alto esta Quietud Central que mueve todas las cosas, no solo esas manos tuyas que dan limosnas o esos pies que llevan el evangelio allá donde van. Y deja de hacer oídos sordos al Silencio Central que habla con tu voz, esa voz que ofrece consuelo y reconforta a los demás. Obra así y lo demás vendrá por añadidura. Obra así y, a pesar de las apariencias que puedan indicar lo contrario, puedes estar seguro de que estarás haciendo lo correcto en el momento preciso y para las personas adecuadas. Puede que respondas notablemente a esta recién estrenada caridad o puede que no. Espera y ve; ve y espera. En todo caso, no tendrás que aguardar demasiado. La Vida en el Hogar no sigue ninguna regla. Se parece más a un autobús que a un tranvía. O mejor dicho, es como un helicóptero libre como el viento, en lugar de como un autobús, limitado a recorrer constantemente su ruta circular. Esa Espontaneidad (la única espontaneidad genuina y que se interesa de verdad por los demás) no viene determinada ni por el hábito ni por los principios, sino que procede directamente del Origen de todas las cosas y nos lleva hasta la Solución de los problemas que Ella Misma se presenta continuamente. Este saber hacer, este «saber qué hacer» que surge de tu Centro divino es infinitamente sabio y maravilloso, mientras que esos otros análogos que pretenden surgir de tu (tan humana) periferia son ilusorios y, de hecho, inexistentes.

Pero no me creas. Intenta confiar en el primero y desconfiar de esto último, a partir de hoy mismo y para siempre.

Ruta 4: La vía del artista

Ventajas

Este camino de vuelta a Casa es tan poco reconocido en lo que podríamos denominar *círculos espirituales* que probablemente te habrá sorprendido que lo haya incluido aquí. Bueno, a modo de explicación, he aquí una historia real.

El Cura de Ars, canonizado como san Juan Bautista María Vianney, se encuentra entre los santos modernos más sobrenaturalmente llamativos y dotados. Sin embargo, cuando uno de sus feligreses le llevó una hermosa rosa roja, se apartó bruscamente por miedo a que su belleza le pudiese desviar de la Belleza Divina. Para él «la lujuria de los ojos», al igual que la de la carne, constituía un diabólico revés en el camino a Casa y de ninguna manera un impulso divino en esa dirección. Sospecho que esta lamentable unilateralidad estaba relacionada con dos hechos parejos: por un lado que, al igual que el Padre Pío, participó en muchos combates horribles contra el diablo en persona, y por otro, que también consideró necesario flagelarse a sí mismo cada cierto tiempo. Dos monstruosidades que muy bien podrían haberse evitado tan solo con que se hubiese dado cuenta de que toda belleza (no menos la de carne) da testimonio y brota a partir de la Belleza del Único al que con tanta pasión y fervor adoraba. Es una lástima que, al carecer de una educación liberal, probablemente nunca hubiese leído el *Simposium* de Platón, en el que Sócrates, con un encanto y una elocuencia inigualables, muestra cómo el disfrute de hermosas formas terrenales puede y debe conducirnos por etapas al disfrute de la Belleza misma, la cual emana del Cielo.

Pero en esta cuestión es posible que te sientas de lado del sacerdote francés en lugar de comulgar con el filósofo griego, al negar (o, al menos, al dudar) que la búsqueda de la Belleza tenga que conducir necesariamente al Hogar. A fin de cuentas, ha habido muchos perseguidores de la belleza que han tenido éxito (como Toulouse-Lautrec, Paul Gauguin o Pablo Picasso, por mencionar tan solo a tres maestros modernos) pero no han sido ni santos ni sabios. Ni tampoco, para el caso, Shakespeare, Dante, Rembrandt o Mozart corren riesgo alguno de ser canonizados. Sin embargo, debo insistir en que la plétora de estrellas de gran genio en el campo de las bellas artes nos proporciona un incalculable e indispensable servicio a todos, y además lo hacen con la mayor dedicación y a pesar del alto coste personal que conlleva. En los términos de nuestro análisis lo que hacen, si bien ellos mismos son inocentes de cualquier intención en este sentido, es combinar los viajes por su propia ruta, la 4, con otras exploraciones por las rutas 2 y 3.

Y no dudo que los más talentosos de todos ellos (incluidos Meister Eckhart, san Juan de la Cruz y Rumi, que eran maestros tanto literarios como espirituales) transitaron también por la ruta 1, la ruta de la Visión. Al menos Shakespeare lo hizo con plena conciencia: no hay más que ver la advertencia que incluye en su obra *Medida por medida*, en la que nos dice que mientas sigamos persistiendo en pasar por alto nuestra «esencia cristalina» (es decir, nuestra Transparencia Central), seguiremos comportándonos como simios enojados.

Llegados a este punto, podrías recordarme que entre nosotros hay muy pocos maestros de ningún arte, ya no digamos grandes maestros. Es cierto, pero eso no significa que la ruta 4 está cerrada para nosotros, los mortales comunes y corrientes. De ningún modo. He aquí otra historia real que ilustra mi tesis.

Allá por 1964 dirigí lo que vendría a equivaler a un taller sobre la Visión en una escuela budista de verano, cerca de Londres. Entre los presentes que «vieron» había un caballero que se presentó como el teniente coronel Roger Gunter-Jones. Al día siguiente, mientras dábamos un paseo juntos por el jardín, quedó maravillado por el brillo de ciertas rosas y se preguntó de qué país se habrían importado estas variedades, pero en cuanto avanzamos un poco más y se paró a contemplar otras flores, descubrió que eran sorprendentemente hermosas en la misma medida. Era como si todos los colores de su mundo hubieran

estallado de repente en una fantástica sinfonía. Y esta historia
cuenta con un grato epílogo: Un poco más abajo, en la misma
carretera en la que se encontraba la escuela de verano, había un
maloliente y nada disimulado vertedero de basura, y aquí fue
donde, días después esa misma semana, me encontré a Roger
mirando fijamente todo ese revoltijo de latas viejas, muebles
rotos, vajillas hechas pedazos y periódicos sucios y arrugados.
Ahí estaba él, de pie, quieto, fascinado por la claridad, la
exactitud y la visible inevitabilidad de los colores y los patrones
de todo lo que se mostraba, la pura perfección de todo aquello.
¡No es en absoluto la clase de comportamiento o de sentimiento que cabría esperar de un oficial retirado del ejército regular
ni de un agregado de la embajada!

La verdad es que cuando —como parte de nuestro crecimiento— cometemos el monstruoso pero obligatorio error de
superponer esa cabeza-del-espejo sobre nuestros propios hombros *aquí* (en lugar de dejarla *ahí*, en ese lugar en el que tan
bien encaja sobre esos otros hombros) esta oscurece, embota y
distorsiona todo lo que vemos. Y la única manera de redescu-
brir el mundo deliciosamente esplendoroso y resplandeciente
que perdimos en nuestro proceso de maduración es girar la
atención y dirigirla a Aquello que está recibiendo o percibiendo
dicho mundo en este mismísimo momento, comprobando de
ese modo que justo aquí no queda ni la más mínima mota de
polvo que se interponga en toda esa gloria que pasamos por
alto. Te concedo, por supuesto, que una cosa es este goce y
disfrute infantil del mundo y otra muy distinta celebrarlo en
grandes composiciones de palabras, sonidos o trazos de color.
Pero es genial a su manera, y, ¡sí!, profundamente creativo, en
modo alguno esa mera pasividad por la que podrías confundir-
lo. Y, a fin de cuentas, es algo imprescindible, obligatorio, si lo
que queremos es establecer nuestra residencia e instalarnos en
el mismísimo Palacio de la Belleza.

Así pues, si resulta que eres un practicante dedicado de una
u otra de las bellas artes (es decir, un viajero de la ruta 4),
permítete desviarte por las otras rutas, y muy especialmente por

la primera, tan a menudo como te sea posible. Entonces te convertirás en un artista aún mejor, uno que realmente *ve* lo que está haciendo. O si, por el contrario, no te consideras artista, te diría que, igual que Roger, incluyeses la ruta 1 en tu itinerario, pues así verás que en realidad *eres* un artista que disfruta de la unión con el Artista Supremo, quien, en el Centro del mundo, está ocupado creando una escena increíblemente bella: vertederos de basura, manchurrones en paredes viejas, hojas que ensucian los senderos de los caminos, y así hasta el infinito.

Habrás notado que hasta ahora no he logrado encontrar ningún inconveniente intrínseco comparable con los que afligen a las otras tres vías. Nuestra evaluación de la ruta 4 ha consistido bastante más en aspectos favorables que en aspectos en contra, lo cual resulta bastante significativo, cuando no sorprendente, y es una de las mejores razones para concederle un lugar tan honorable en nuestra rotonda, en este lugar en el que se encuentran los distintos lóbulos de nuestra hoja de trébol de la suerte. Lo peor que se me ocurre decir sobre la ruta 4 es que sus usuarios tienden a hacérselo pasar mal a sí mismos, y a veces también a aquellos que les rodean. Como Mozart, por ejemplo. ¿Y qué importa? Su música me transmite algo esencial sobre Dios, sobre el universo y sobre mí mismo que no se puede expresar de ningún otro modo, en ningún otro lenguaje ni por ningún otro ser humano.

Conclusión: Cruce de caminos

Nuestra tarea consiste en volver a meter la brújula en su estuche; en, cada uno a su propio modo, darnos permiso para madurar y crecer en todos los aspectos y desarrollar todos nuestros talentos. Dios no quiera que tomemos al famoso sabio indio Ramakrishna (1836-86) como modelo, pero esta figura ciertamente nos proporciona un fascinante y revelador ejemplo de lo que es desarrollarse de este modo tan completo. Con tan solo seis años de edad (¡con *seis* años!) se sintió tan anonadado por la belleza de unas aves blancas que volaban sobre el fondo de un cielo oscuro y tormentoso que perdió el sentido durante horas, y hasta el final de su corta vida un jirón de música o un patrón casual de formas y colores era capaz de producirle el mismo efecto. A los veinte se convirtió en el sacerdote de un templo dedicado a Kali, la Madre negra del universo que con una mano crea y con la otra destruye. La devoción que Ramakrishna sentía por la Deidad bajo esta estremecedora forma era total y absoluta. Pero un buen día llegó al templo un *sadhu* desnudo llamado Tota Puri. Para cumplir con la difícil tarea de destetar a Ramakrishna de la Madre Kali para llevarle hasta el Dios sin forma, Tota Puri pegó una esquirla de vidrio en la frente del joven sacerdote y le dijo que meditase sobre eso. Esta vez perdió la conciencia durante días, y cuando salió del trance ya no lo hizo como devoto de Kali, sino de la Fuente inefable y sin nombre de todo lo que existe. El devoto se había convertido en veedor. Hasta aquí (usando nuestra propia terminología) en cuanto a su búsqueda por medio de las rutas 4, 2 y 1, pero ¿qué pasa con la ruta 3, la vía del servicio y las buenas obras? Bueno, la característica distintiva de la comunidad de monjes que Ramakrishna fundó no es otra que el servicio amoroso y entregado, en todo tipo de formas concretas y prácticas, a un mundo sufriente. Así es que su brújula fue empaquetada de nuevo, la rueda completó una vuelta completa en su giro y los radios móviles convergieron en el inmóvil eje central.

Cuando yo era joven había una canción popular titulada *Show me the way to go home* («Muéstrame el camino a casa»). Creo que la cantaba Stanley Holloway, quien estaba borracho cuando la grabó. No obstante, diré a su favor que, aunque ebrio, su ejemplo dio en el clavo, pues la mayoría estamos tan ciegamente borrachos que no somos conscientes de lo mucho que nos hemos alejado del Hogar en nuestro deambular. A diferencia de los perros vagabundos, no nos damos cuenta de que también nosotros estamos perdidos. Estamos tan embriagados que creemos que nuestro Hogar es esta caja destartalada que se cae a pedazos, este fardo en el que nos metemos a rastras por la noche. Y muchos de los que tomamos la decisión de emprender el viaje hacia nuestro verdadero Hogar estamos tan piripis que imaginamos que tan solo existe un camino que lleve a él: ¡el *nuestro*, por supuesto! Bueno, procuremos recuperar la sobriedad y, aprovechando al máximo nuestro cruce de caminos con forma de trébol de la suerte, converjamos en el Hogar desde todos sus lóbulos, lleguemos a Casa, disfrutemos del lugar que verdaderamente nos pertenece y, finalmente, establezcamos nuestra residencia en el Palacio que en realidad nunca jamás hemos abandonado.

5

El tridente

N EL CAPÍTULO ANTERIOR hemos visto cuatro formas de llegar al Hogar, al Lugar que en realidad jamás hemos abandonado: la vía del veedor, la del devoto, la del siervo y la del artista. Pero existen otras rutas importantes que pueden ayudarnos a recorrer parte del camino, o incluso la mayor parte del mismo. Me refiero sobre todo a la Ciencia y la Religión, a la Ciencia (así, con mayúsculas) que incluye todas las ciencias y la Religión (también con mayúsculas) que incluye todas las religiones y todas las variedades de la experiencia religiosa.

La siguiente ilustración muestra cómo encajan estas dos rutas adicionales en nuestro sistema de tráfico.

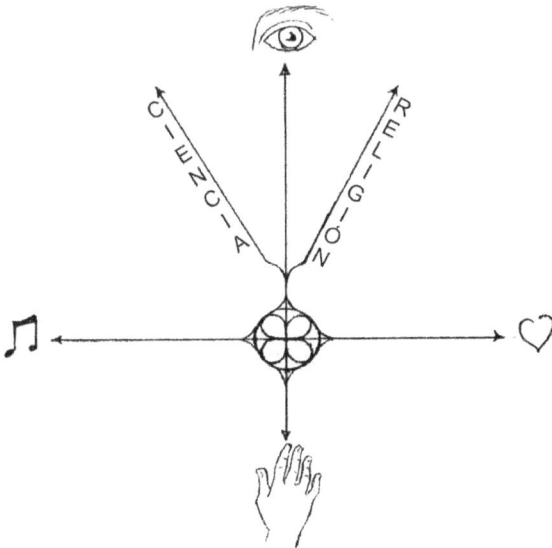

Ambas están relacionadas con la ruta 1, la vía del veedor, en la cual desembocan. En este capítulo descubriremos hasta qué punto la Ciencia y la Religión pueden llevarnos a nosotros, posibles futuros veedores, hacia nuestra meta, así cómo lo mucho que pueden facilitarnos el acercamiento.

«Pero ¿hacia qué meta?», alguien podría muy bien preguntar. La respuesta corta, pero que desde luego no nos sirve de mucho es la siguiente: «A una meta que no se puede concebir claramente (ya no digamos percibirla y disfrutarla) hasta que hayamos llegado a ella». Una respuesta más larga y alentadora sería esta: «A una meta que se puede describir de forma provisional como el descubrimiento del significado de nuestra vida y de toda vida, como la visión clara de Aquello que realmente somos justo Donde realmente estamos, como la liberación del miedo, la codicia, el odio y el engaño, como el descubrimiento y aprovechamiento de nuestros más íntimos recursos, como el logro de la paz, como la unión consciente con nuestra Fuente, como regresar a nuestro verdadero Hogar». Estos especulativos bosquejos preliminares de esta meta de metas no pueden por menos que ser enrevesados, grandilocuentes y vaporosos, como envueltos en brumas. Vienen a ser como el sabroso montón de zanahorias que se cuelga ante la nariz del burro para animarlo a seguir adelante. Como veremos, la Realidad, un alimento mucho más nutritivo que, de algún modo, incluye todas las «vitaminas» que acabo de mencionar (no en vano se le ha llamado el Pan Viviente o el mismísimo Vino de la Vida) es una, simple e inefable.

Mi objetivo es mostrar cuán útiles y bien adaptadas a nuestro propósito resultan estas dos rutas adicionales, y cómo la vía de la Visión supone el reencarrilamiento, la reconciliación y la fusión necesaria entre ambas para que las tres puedan llegar al Hogar triunfantes, con fanfarrias y banderolas flameando al viento. Así pues, comencemos con:

La vía de la Ciencia

El cosmos es un territorio inmenso en el que resulta extremadamente sencillo perderse, y el regalo especial que la Ciencia nos brinda es un mapa completo y suficientemente detallado del camino de regreso a Casa. Nos indica el camino hacia abajo que va desde el ser humano hasta aquello de lo que está hecho (sus células, moléculas, átomos, partículas), es decir, hasta sus ingredientes, *lo que hay en él*. Del mismo modo, también señala el camino hacia arriba que conduce a aquello *de lo que forma parte* (el planeta Tierra, el sistema solar, la galaxia), a su entorno, a aquello en lo que el propio ser humano está inmerso. Como vemos, lo que tenemos aquí es una jerarquía en la que cada elemento es una parte de las totalidades que quedan por encima de él y, a su vez, constituye la totalidad de las partes que quedan por debajo de él. Leída hacia abajo, lo convierte todo en pedazos para ver de qué está hecho. Leída hacia arriba, los vuelve a ensamblar para ver qué forman.

Ahora consideremos el mapa desde un punto de vista muy distinto. Si un observador sin prejuicios se acercase a mí desde muy, muy lejos primero aparecería como esta espiral luminosa que llamamos *nuestra galaxia*, luego como una de sus estrellas (el sol, que, como estrella adulta que es, cuenta con un sistema solar plenamente desarrollado), luego como uno de sus planetas, luego como uno de los habitantes de dicho planeta, y así sucesivamente hasta arribar al reino de las partículas y sus cuarks constituyentes.

Para él, yo sería todas estas apariencias o manifestaciones regionales de la misteriosa Realidad en el Centro que está dando origen a todo este prodigioso despliegue. Y yo no puedo sentirme más entusiasmado y feliz de hacer autostop, unirme a él y compartir su visita turística, viajar con él hacia mi propio interior. O tal vez debería decir «viajar con él a través de mí hacia Mí Mismo, hacia mi Yo, mi verdadero Ser».

Hay otra forma de interpretar este mapa de mí mismo que la Ciencia tan generosamente pone en mis manos, una forma de leerlo que plantea y responde preguntas como: ¿Qué *necesita* este ser humano para ser este ser humano, para existir en absoluto? ¿Qué sería de él sin sus comunidades celulares, sin los miles de millones de criaturas vivientes que resulta ser cuando se le examina más de cerca y que son las que en realidad se ocupan de hacer lo que sea que este ser humano diga que está haciendo? ¿Y qué sería de cada uno de estos humildes pero asombrosamente eficientes servidores sin los miles de millones de servidores moleculares que (al observarle aún más de cerca) resultan ser cada una de estas células? Y así sucesivamente a medida que vamos descendiendo más y más por la jerarquía.

Pero ¿descender hacia Qué, hasta Qué? (esa es la primera mitad de la pregunta). ¿Y ascender hacia Qué, hasta Qué? (esa es la segunda mitad). ¿Qué sería este ser humano en particular sin el resto de los seres humanos que habitan el planeta, sin el aire, el agua, el suelo, la flora y la fauna de la tierra? ¿Cuánto tiempo podría sobrevivir sin su sol, o existir sin su cosmos? Cuando te dice que está vivo (y estupendamente bien, gracias por preguntar) lo que te está diciendo, sin darse cuenta, es que este ser humano es *Aquel cuya vida es INDIVISIBLE*.

Sí, es un mapa excelente, pues responde a los intereses y necesidades de sus usuarios. ¡Deberíamos sentirnos profundamente agradecidos por disponer de esta carta geográfica tan rica en detalles y variedad, esta Guía Michelin de nuestra asombrosa naturaleza y constitución! Hace quinientos años era imposible, hace ciento cincuenta estaba incompleta y aún era opcional; ahora resulta indispensable.

Pero, por supuesto, como todos los mapas, también tiene sus limitaciones, omite algunas cosas y se puede interpretar y usar de forma equivocada. Ciertamente, puede ser ignorado (y, de hecho, así suele ser). La pasmosa realidad es que casi nadie lo toma en serio, nadie se compromete con él de verdad, nadie admite que el mapa se refiere *personalmente* a uno mismo. «Sí, claro, no cabe duda de que es válido para los demás, pero no para mí». Eso es lo que tácitamente dice el así llamado *Homo sapiens*, que cree en la ciencia solo en la medida en que satisface sus necesidades y deseos no científicos.

Tomemos por ejemplo esta pequeña muestra de las muchas ocasiones en los que hace caso omiso a las certezas incuestionables de la realidad. Aunque cuenta con ciertos conocimientos básicos (lo que ha leído en algún libro de texto) sobre lo que sucede en el útero, sobre el desarrollo del embrión y el feto a partir del óvulo fertilizado, ¿en algún momento se da verdadera cuenta de que él mismo fue en su propia vida una única célula casi invisible y sumamente inferior en cuanto a estatus biológico que los ácaros del queso que se toma en el almuerzo? ¿Acaso es consciente de que incluso ahora es un auténtico zoológico ambulante formado por los innumerables descendientes de esa célula original? ¿Se percata de que, sometido a una inspección aún más cercana, es más insustancial que una nube? ¿Siente que su Tierra y su sol, a diferencia de sus preciados brazos y piernas, son órganos absolutamente necesarios de su verdadero Cuerpo? La respuesta a estas y a una plétora de preguntas similares es: «¡No! ¡Ni una sola vez en toda su vida!». El ser humano es precientífico, se encuentra al menos quinientos años por detrás de la era científica. Y para demostrarlo, cuando le hagas notar sus faltas te dirá que al fin y al cabo no es más que un ser humano; una afirmación que, por pura y bochornosa estupidez, merece un oro olímpico. No es de extrañar que el tráfico sea tan liviano a lo largo de la ruta de la Ciencia hacia nuestro Objetivo, hacia la Verdad que nos hace libres.

Hay otras dos razones más para este abandono, razones que, por una vez, no son tan estúpidas. La primera es que, como se indica en el mapa, este camino termina igual que comenzó, es decir, con un signo de interrogación. Se adentra en territorio inexplorado, brumoso y espinoso. El viajero puede fotografiar sus células con gran detalle o tomar instantáneas a su paso de hermosos y complejos modelos moleculares, pero cuando llega a sus átomos y partículas se encuentra con un aviso de advertencia: «¡No pasar! Carretera cortada para todos excepto para los físicos matemáticos». Las noticias que llegan de estas regiones vedadas no son demasiado tranquilizadoras. Ningún físico ha tenido el arrojo de proclamar que finalmente ha desvelado sin ningún género de duda la Razón última, el Ingrediente primordial del Brebaje Cósmico, el sub-sub-cuark (o lo que sea) del que están hechas todas las cosas. Los hallazgos de estos expertos merecen todo el respeto, pero nunca son unánimes, siempre quedan en entredicho y están sujetos a modificaciones.

La segunda razón por la que el peregrino espiritual (si puedo referirme con ese nombre a ti y a mí) se muestra reacio a tomar la vía de la Ciencia para llegar a su anhelado Hogar es por motivos históricos. La ciencia se ha ganado a pulso la reputación de ser enemiga de la religión. Sus mayores avances han sido siempre victorias ganadas a pulso y con muchísimo esfuerzo que derrocaban los más preciados dogmas del *establishment* religioso. Y en cuanto a sus aplicaciones, calculo que una buena mitad de ellas han sido usos inadecuados y perniciosos; la

interminable lista va de la bomba de Hiroshima a la heroína, de
la comida basura al correo basura (con esos anuncios que constantemente nos recuerdan qué objetos debemos tener ahora... y
que muy pronto pasarán a poseernos y esclavizarnos a nosotros).

Con este panorama, no es de extrañar que la espiritualidad
recele de la ciencia. En todo caso, me pregunto qué es la ciencia
en su esencia (dejando a un lado todos sus abusos y viéndola
por lo que verdaderamente es) sino pura humildad al confrontar la evidencia, respeto por la verdad sin importar lo poco
halagüeña o impactante que esta pueda resultar. En cuanto a su
valor ético, William James, el más franco y directo de los filóso-
fos, escribió:

> Cuando uno se detiene a admirar el majestuoso edificio de
> las ciencias físicas y se da cuenta de todo lo que ha hecho falta
> para llegar a él; cuando uno piensa en las vidas de miles de
> hombres virtuosos que se han sacrificado en la penosa labor de
> meramente establecer sus cimientos; cuando se recuerda la pa-
> ciencia, la tenacidad, el abandono de las preferencias persona-
> les, la sumisión a las frías y displicentes leyes de los hechos ex-
> ternos que está incrustada en las mismísimas piedras y la
> argamasa de dichos cimientos; si se reflexiona sobre lo absolu-
> tamente impersonal que es esta magna y augusta obra... En-
> tonces, ¡cuán vano y despreciable nos parecen hoy esos senti-
> mentalistas que con las emanaciones espirituales de su
> pequeño espíritu soñador pretenden dirimir de una vez y para
> siempre los asuntos humanos! No debe extrañarnos que esos
> hombres curtidos y endurecidos por la severa disciplina de la
> ciencia quieran desprenderse a toda costa de ese fatuo subjeti-
> vismo.

A lo que podemos agregar que esa «espiritualidad» que re-
chaza los hallazgos universalmente aceptados de la ciencia
moderna en todos los campos, que se niega a asumirlos y acep-
tarlos de buen grado, no es más que una patética y agonizante
parodia de la espiritualidad. Y a la inversa: la espiritualidad que
encuentra en ellos una enriquecedora, preciosa y verdadera-

mente divina revelación de nuestro tiempo (y para nuestro tiempo), justo lo que nos hace falta para tratar nuestra lamentable condición, esa espiritualidad está vivita y coleando.

Sí, esta vía se ha vuelto indispensable. Por así decirlo, nos transporta a un lugar desde el que ocasionalmente podemos atisbar en la distancia nuestro Hogar, con el cielo despejado y un tiempo tranquilo y apacible. Aunque guarda silencio respecto a dónde conduce esa puerta, no podría ser más elocuente en cuanto a su importancia, su paradero y, sobre todo, su energía. A medida que descendemos por la jerarquía cósmica la paulatina pérdida de forma se traduce en una ganancia de energía.

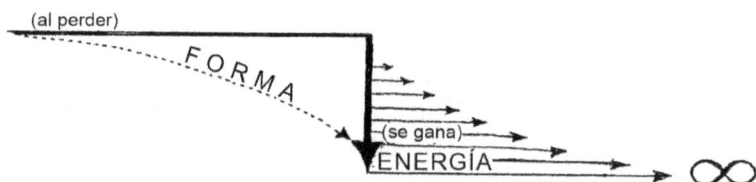

Las células contienen mucha energía en su propio nivel, las moléculas aún más, pero una bomba de TNT no es ni de lejos tan potente (tan energética) como una bomba atómica, la cual a su vez dista mucho de tener la potencia de una bomba nuclear. Por descontado, se trata de dispositivos obscenos y repulsivos, malos usos de la ciencia propiamente dicha, pero la Bomba Cero, que es nuestra verdadera Meta, es completamente limpia y todopoderosa.

Pero la ciencia, por sí misma, se queda corta a la hora de llegar a esta Meta suprema (la Meta de todas las metas). Su visión distante del Hogar, envuelta en las brumas multicolor de las matemáticas avanzadas, dista mucho de ser suficiente. No obstante, estamos empeñados en lograr nuestro objetivo, así que lo que deberíamos preguntarnos ahora es si la religión puede tener éxito ahí donde la ciencia falla. ¿Puede despejar esas brumas y esclarecer el camino que nos lleva hacia el portal que conduce al Hogar? ¿Tiene la llave de ese portal?

La vía de la Religión

Si buscamos ayuda en lo que comúnmente entendemos por religión, la religión como fenómeno social, la religión tal como la describen y la practican la mayoría de sus seguidores, la religión que reparten a diario los medios de comunicación, sin duda estaremos buscando en vano. Lejos de despejar las brumas, esta clase de religión se limita a añadir más contaminación y oscuridad. Y en cuanto a su historia, la religión ha sido responsable de más atrocidades, de más intransigencia y terquedad, de más despropósitos y barbaridades, más terror y más fraude que cualquier otra empresa humana.

Sin embargo, he aquí uno de esos casos en los que lo peor oculta lo mejor en su seno. Existe una metafísica común a las grandes confesiones del mundo, una sabiduría, una espiritualidad, una enseñanza secreta y a menudo cruelmente reprimida según la cual, a pesar de todas las apariencias que sugieren lo contrario, tú, yo y el resto de las criaturas que nos acompañan, no somos en el Centro criaturas en absoluto, sino Uno con nuestro Creador; según la cual en el núcleo central de todos los seres se esconde el Ser mismo, el Sin nombre entre cuyos apodos se encuentran Atman-Brahman, el Buda, el Tao, Dios, el Cristo que mora en nosotros, el Espíritu Santo, Alá, la Realidad, la Conciencia, la Nada que es Todo.

Esta metafísica nos revela dos aspectos importantísimos sobre el Sin nombre: nos dice exactamente *dónde* está y *qué* es (cómo reconocerle cuando por fin le localicemos). Según Mahoma, está más cerca de mí mismo que la vena de mi cuello. Según Tennyson, está más cerca que mi propia respiración, más cerca que mis manos y mis pies. Mucho, muchísimo más cerca, dicen todos aquellos que saben de lo que están hablando. El lugar mismo desde el que miro, el lugar del que emano, el Punto Central que es mucho más Yo de lo que Douglas Harding es yo; este es el Hogar, el palacio real de su divina Majestad. Eso es lo que proclaman los grandes maestros espirituales del mundo. De hecho, es como si tuviera dos palacios, un palacio de invierno en las más elevadas alturas celestiales y un palacio de verano en lo más profundo de mi corazón. Y aquí abajo y justo ahora (en lugar de ahí arriba y algún buen día en el futuro) es donde debo solicitar audiencia ante su augusta presencia.

Eso en lo que respecta a su ubicación. Veamos ahora qué es, cuáles son sus características distintivas. He de asegurarme de conocerlas por el siguiente motivo. Supón que te dijera: «He perdido un tesoro en el jardín, pero no puedo recordar de qué se trata. Por favor, ayúdame a encontrarlo». Seguramente te reirías de mí. Por la misma razón, sonrío ante quienes buscan a Dios sin disponer del más mínimo indicio de lo que están buscando. No obstante, por fortuna, la metafísica perenne, la sabiduría secreta que subyace en las grandes religiones, nos ofrece un retrato robot bastante bueno, un perfecto kit de identificación compuesto por seis partes con el que reconocer a su divina Majestad. Es el siguiente:

1. Es ilimitado.

2. Está vacío.

3. Y, por lo tanto, es imperecedero.

4. Pero está vacío para ser llenado; es omniinclusivo, lo contiene todo.

5. Está completamente despierto.

6. Es el Motor Inmóvil del mundo.

La Ciencia nos equipa con un mapa maravilloso que, sin embargo, presenta un provocador signo de interrogación en ambos extremos del mismo. Ahora la Religión borra esos signos de interrogación al proporcionarnos una descripción precisa de la Maravilla que constituye la base del cuark y está por encima de las galaxias. Nos dice exactamente cómo reconocer

al Habitante de esos palacios de invierno y de verano. No podría ser más específica. Ya no podemos fingir que no sabemos
cómo es nuestro tesoro perdido, qué tratamos de encontrar en
el jardín del mundo, y eso es una muy buena noticia.

Pero ni tan siquiera lo mejor que se pudiera decir sobre Ello
es Ello. Las indicaciones de los planos, por muy precisas y
detalladas que sean, no pueden sustituir al edificio en sí. El
mapa no es el territorio, y hasta el mejor retrato robot policial
es inútil a la hora de poner las esposas al culpable. Podemos
aprendernos de memoria todas las escrituras más sagradas,
podemos practicar austeridades corporales y mentales hasta
quedar reducidos a un mero saco de piel y huesos, podemos
meditar sobre los seis criterios arriba reseñados hasta el día del
juicio final, podemos tener fe a manos llenas, pero todas estas
cosas están a un millón de kilómetros de distancia de verle y ser
Él por nosotros mismos.

La verdad es que la religión como tal tiene que ver con la fe,
la esperanza y la caridad, no con la Visión Beatífica. Se basa en
creer y en confiar en lo Invisible. Según la Epístola a los hebre-
os, debemos tener fe en las cosas que no se ven. Y la Segunda
Epístola a los corintios afirma que «las cosas que se ven son
temporales, pero las que no se ven son eternas». Por supuesto,
esto no significa que la fe, la esperanza y la caridad no sean
importantes. Claro que lo son, y mucho, pero cuando nos
anulan la visión tenemos problemas, un buen montón de problemas.

El primero ya lo he mencionado, y es que el mero hecho de
tener fe y esperanza en lo Real no es sustituto de lo Real, no más
de lo que masticar la carta del menú pueda ser sustituto de
cenar de verdad. El segundo es que, en mi experiencia, ver es
creer pero creer no es ver. Creer es simplemente eso, creer, y
está sujeto a intermitencias, está trufado de dudas y señales de
advertencia sobre lo que podrían no ser más que ilusiones.
Tarde o temprano acabaré dudando de todo lo que se pueda
dudar. Así pues, hay que pagar un altísimo precio por las cosas
aparentemente buenas que aporta la religión. Por otro lado

(según dicen) los innumerables mitos e historias elevadas, las intrincadas teologías y las prácticas extravagantes que forman parte integral de las grandes confesiones del mundo no se pueden tratar como extras opcionales; o se acepta todo el paquete o se deja todo a un lado. Mi instinto es dejarlo, y sin lamentarlo demasiado, la verdad.

El último problema es el peor. De entre todas las defensas que existen contra la visión de Aquello que somos justo Donde somos, la religión suele ser la más tremebunda y formidable. A buen seguro, añade dificultades a mi tarea, pues por regla general son las personas religiosas (los cristianos, budistas y musulmanes fervorosos y dedicados) quienes más alérgicos se muestran a mi mensaje.

La metafísica perenne, que anuncia al Dios Capital presente de forma inmanente en cada uno de nosotros, está completamente libre de todas las trampas y los atavíos religiosos, de todos sus accidentes e irrelevancias, y se mantiene limpia, impoluta y austera en su simple esplendor. Dicho sin rodeos, la metafísica perenne no tiene absolutamente nada que ver con la religión. O también podríamos decir que es *metarreligiosa*, que está más allá de la religión, que es muy diferente de la religión tal y como generalmente se entiende y se practica. En otras palabras, en realidad no se trata de la vía religiosa hacia nuestra Meta, sino que es la propia vía de la Visión. Es ver lo que vemos y atrevernos a vivir ateniéndonos a eso, y no a lo que la religión nos dice que veamos o nos prohíbe ver. Se trata de la misma humildad rotunda frente a la evidencia que nos ha llevado hasta la ciencia pura.

La vía de la Visión

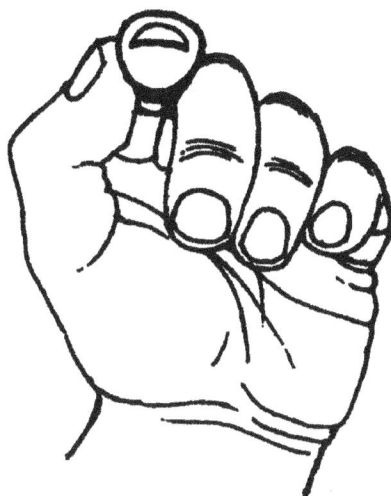

Ha llegado el momento de que tú y yo apuntemos (ya sea por primera o por enésima vez) a Aquello desde lo que vemos y VER por nosotros mismos si:

1. Es ilimitado.

2. Está vacío.

3. Y, por lo tanto, es imperecedero.

4. Pero está vacío para ser llenado; es omniinclusivo, lo contiene todo.

5. Está completamente despierto.

6. Es el Motor Inmóvil del escenario en el que la gente dice que nos movemos.

Siempre que hayas hecho de verdad este ejercicio de apuntar y te hayas fijado con honestidad para ver qué se mueve (y no te hayas limitado a leer sobre ello), y siempre que te lo hayas tomado en serio, entonces por supuesto que habrás visto tu

camino de regreso a Casa, habrás recorrido todo el camino
hasta la Meta que hemos bosquejado al comienzo de este capítulo. Y por ello recibe por favor mis más sinceras felicitaciones.

A las que debo agregar inmediatamente tres advertencias. La
primera es que la visión es en esencia una cuestión autoevi-
dente, natural, insulsa y poco emocionante. En marcado contraste con las famosas pero poco frecuentes e impredecibles
experiencias cumbre que disfrutan algunos de quienes siguen el
camino religioso, esto es una experiencia valle, sencilla, sobria y
que nos vuelve profundamente humildes. Y precisamente
porque es solo para verla y no para entenderla intelectualmente, para desarrollarla o ir consiguiéndola de forma gradual, está
ahí siempre que lo queramos, sean cuales sean nuestras circunstancias o nuestro estado de ánimo. Gracias a que es justo lo
contrario de una experiencia mística, cuando más se necesita es
cuando más disponible está.

Lo que me lleva a mi segunda advertencia. Tú y yo acabamos
de ver (muy brevemente, claro está) a Dios, las seis características del Uno, pero ahora tenemos que estabilizar esa visión.
Mientras duró, fue real y no una visión parcial, limitada o
reducida de Aquel que o bien se ve perfectamente y en su totalidad, o bien no se ve en absoluto. Sin embargo, este no es el
final de la vida espiritual sino tan solo el comienzo. La visión ha
de ser practicada, practicada, y vuelta a practicar. Pero se trata
de una práctica placentera y sin complicaciones, un disfrute y
no una obligación, así que no hay excusa para descuidarla.
Sabemos dónde mirar (aquí), cuándo mirar (en este momento),
cómo mirar (como si fuese la primera vez) y por qué mirar
(porque perderse esta visión equivale a ser un caso serio de falsa
identidad, a vivir y morir en vano).

Lo que, a su vez, me lleva a la tercera advertencia. Si practicamos la Visión Beatífica con el objetivo de cosechar algún día
los beneficios que dice tener (paz, felicidad, amor, libertad,
creatividad, etc.) lo más probable es que no recojamos demasiados frutos, mientras que si la practicamos por sí misma, por
el mero hecho de llevarla a cabo y sin ningún interés personal,

sencillamente porque vivir desde esta asombrosa Verdad constituye una propuesta mucho más atractiva y tiene mucho más
sentido que vivir a partir de un conjunto de mentiras dictadas
socialmente, entonces por supuesto que es mucho más probable que obtengamos los dones inimaginables y no solicitados
que nos aguardan. Todo a su debido tiempo. De hecho, el
verdadero Regalo es Dios mismo, no su abultado saco de regalos, y se nos brinda con infinita generosidad.

Solo me resta añadir una cosa más sobre la vía de la Visión
en cuanto a lo que supone como rectificación, reconciliación y
finalización de las vías de la Ciencia y la Religión. Hace tiempo
escribí un pequeño libro titulado *La ciencia de la Primera Persona* en el que exponía los siete u ocho aspectos en los que la
ciencia de la Primera Persona (que no es sino otro nombre para
la vía de la Visión) arroja luz sobre algunas partes sombrías de
la ciencia común. ¡No tardaron en pasar de siete u ocho a nada
menos que treinta y siete! Mejor que fiarte de mis palabras,
¿por qué no lo lees por ti mismo?

Tanto la ciencia como la religión, aisladas la una de la otra,
son, como ya hemos visto, responsables de gran parte del sufrimiento y las desdichas humanas. Su confluencia en la vía de
la Visión y su mutua rectificación solo podría significar el alivio
de gran parte de ese sufrimiento; solo podría respaldar y refor-
zar la fe, la esperanza y la caridad, así como todas las demás
cosas buenas y bellas que consagra la religión tradicional; solo
podría liberar a la religión de las montañas de basura que lleva
acumuladas en su seno, algunas de ellas de un hedor absolutamente insoportable.

6

Once puertas hacia la liberación

S EA CUAL SEA NUESTRA CULTURA o la educación que hayamos recibido, todos hemos sido reducidos y embotados
por la sociedad, que nos ha convertido en estas cosas
pequeñas, limitadas y perecederas llamadas *seres humanos*;
cosas separadas, solitarias, llenas de toda clase de miedos, ence-
rradas en la prisión de nuestros condicionamientos.

Por lo que parece, tenemos ante nosotros varias rutas de escape, como puedan ser el trabajo duro, el entretenimiento, las
compras, el sexo, las drogas o la espiritualidad. Nos imaginamos que no existe ningún medio de liberarnos simple y directamente de nuestra prisión, pero, como estamos a punto de ver,
lo cierto es que tenemos a nuestra disposición al menos once
puertas abiertas hacia la libertad.

LO QUE *NECESITO* ES LIBERARME DE LA CULPA, DE TODA CLASE
DE EGOÍSMO, DE TODO DELITO.

El objetivo primordial, la pasión predominante de mi vida
adulta, ha sido la unión consciente de esta vida con su Fuente.
Sin embargo, en lugar de mejorar, ¡parece que no hago más que
empeorar! (Probablemente lo que esté ocurriendo en realidad
es que cada vez soy más consciente de los ingeniosos trucos que
el ego pone en práctica en secreto para sobrevivir y florecer).
Sea como fuere, cada vez estoy más consternado por lo inmun-
do y repugnante (si es que esas son las palabras adecuadas para
describirlo) que es Harding. ¡No le importaría que le salvasen
un poco! Pero ninguna oferta de rescate normal y corriente
servirá.

LO QUE *SE ME OFRECE* SON ONCE SALVAVIDAS, ONCE FORMAS DE
LIBERACIÓN, CUALQUIERA DE LAS CUALES SERÍA SUFICIENTE
PARA LLEVARME A UN LUGAR SEGURO.

Tal es la amorosa bondad, la misericordia, la desbordante
generosidad, el sentido del humor, la minuciosidad y la pura
destreza de mi Fuente y mi Centro. Es imposible exagerar la
fuerza combinada de los once, cuando compruebo, para mi
total asombro, que ya:

(1) Soy ilimitado

Cuando señalo hacia Aquello desde lo que miro, a mi «Rostro Original», descubro que sigue y sigue y sigue interminablemente en todas direcciones (hacia arriba, hacia abajo, a izquierda y derecha, delante y atrás) con una energía que no
disminuye jamás. Casi igual de asombroso resulta el hecho de
que pueda ser así de grande, que pueda estallar en mil pedazos
sin siquiera haberlo notado, y mucho menos apreciarlo.

Ser esta Explosión subnuclear infinitamente benevolente que
siempre ha sido, es y será, ya sería suficiente y más que de sobra
como forma de liberación, pero, por si acaso, hay al menos
otras diez más en la reserva, ¡todas y cada una de ellas esperando ansiosamente su turno para aparecer!

(2) Soy puro

«Aunque vuestros pecados sean como la grana, quedarán tan
blancos como la nieve. Aunque sean rojos como el carmesí, se
volverán tan blancos como la lana». Eso es lo que entona el
profeta Isaías en el Antiguo Testamento. El perdón de los pecados es también, por supuesto, uno de los principales temas del
Nuevo Testamento. Pero, ¿de qué trata todo esto?, podrías
preguntar.

En su libro *Intuitive Awareness* («Conciencia intuitiva»), Ajahn Sumedo, quien encabeza el budismo theravada en el Reino Unido, escribe:

> La conciencia ya es pura. No tienes que purificarla, no tienes que hacer nada [...]. Nuestra verdadera naturaleza es pura. Cuando comenzamos a darnos cuenta, a apreciar esto y confiar plenamente en ello, vemos que es real. No es algo teórico, una idea o un concepto abstracto; es la realidad [...]. Siempre has sido puro.

En cuanto a mí, tan solo tengo que girar mi atención 180° y mirar hacia aquí, hacia Aquello desde lo que miro, para darme cuenta de que no está contaminado en lo más mínimo (de hecho, es absolutamente incontaminable).

(3) Soy libre

Con lo cual quiero decir que soy espontáneo, impredecible, que tengo libre albedrío. No sé (nadie lo sabe) qué es lo siguiente que voy a hacer. Además, hay claros indicios de que toda criatura, sea del tipo que sea, es tan libre como yo, tanto si se da cuenta de ello como si no.

Por ejemplo, observo el zigzagueante vuelo de una mariposa mientras revolotea de flor en flor, el comportamiento errático de la mosca doméstica que va hacia delante y hacia atrás en el cristal o en la mesa, o los gestos aleatorios de esta mano cuando te saluda o te dice adiós. Sabe Dios qué sensatez o insensatez está a punto de poner por escrito este bolígrafo mío. Corrección: ¡Él *no lo sabe*! Si lo supiera, sería como si me hubiese encadenado de pies y manos, habría transformado al espíritu libre que soy en un robot, en un autómata cibernético muy inferior a una mosca doméstica.

«Conoceréis la verdad, y la verdad os hará libre», dice Jesús de Nazaret. Y el Tao Te Ching, ese antiguo clásico chino, atribuye al sabio iluminado la espontaneidad propia de un bebé recién nacido. Pero aparte de estas llamadas a la libertad, tan claras como un toque de corneta, todas las grandes religiones, si bien cada una con su tono y su voz particular, enseñan que la verdadera piedad es la sumisión a la omnipotente voluntad de Dios. Si tanto ricos como pobres han de tener una religión, ¡sin duda ha de ser esta! ¡Con razón las iglesias están tan vacías!

Por decirlo sin adornos, Dios ha cambiado de opinión, y en vez de rodearse de sirvientes, busca amigos; amigos del alma que hayan elegido libremente esa formidable relación.

(4) Soy Uno

No estoy fragmentado, estoy hecho de una pieza, soy total, completo, pleno.

«Dile a la mente que no hay más que Uno», dice el Katha Upanishad, y también; «Quien divide al Uno se arrastra de muerte en muerte». Porque el mensaje de todos los grandes Upanishads, esas antiguas escrituras de la India, es que tú y yo no somos más que ese Uno estrictamente indivisible, el Uno que nos sana y nos completa.

¿Cómo puedo estar seguro de ello? Bueno, cuento con un estupendo maestro que me lo confirma categórica e incesantemente. Veinte, cincuenta, cien veces al día me escucho decir «YO SOY»: «Estoy (SOY) cansado, estoy (SOY) solo, estoy (SOY) muy bien —gracias por preguntar—, estoy (SOY) bastante ocupado, estoy (SOY) triste, estoy (SOY) ansioso, hoy estoy (SOY) bastante tranquilo, y así sucesivamente hasta el infinito. Y como señala Meister Eckhart, solo Dios tiene el derecho de decir YO SOY, lo que significa que esencialmente y en la raíz yo soy Él, *quod erat demostrandum*.

La increíble verdad es que no puedo *ser* sin ser el SER, sin ser el Único que ES.

(5) Estoy (soy) aquí

¿Qué quiero decir cuando digo que algo está *aquí*? ¿Cómo de cerca está, cómo de útil es, cómo de íntimo? Cuando describo algo como *este* algo, ¿cuáles son sus límites? ¿Dónde empieza? ¿Dónde termina? Todo depende. Sin siquiera pararme a tomar aliento puedo hablar de *este* pulmón, de *este* país o de *este* grupo de galaxias. De hecho, tanto mi *este* como mi *aquí* son ilimitados tanto en su grandeza como en su pequeñez. Soy infinitamente elástico.

Se trata de una verdad indiscutible que me tomo sumamente en serio. Me pregunto QUIÉN es ese que se expande y se contrae a voluntad sin el más mínimo esfuerzo, sin inmutarse y de un modo tan natural. ¿Cuál es la verdadera identidad de este obrador de milagros?

Me doy cuenta de que tan solo hay uno que encaje en esa descripción, y ese es el Uno que es mi Fuente y mi Centro. Esta realización no es una idea que sopesar o valorar de vez en cuando, sino una experiencia que sentir a lo largo de toda la vida.

(6) Estoy (soy) ahora

De igual modo, ¿qué es lo que quiero decir cuando digo que algo está sucediendo ahora? ¿Cuánto tiempo (si es que hay alguno) abarca e incluye el *momento presente*?

Una vez más, todo depende. Me escucho a mí mismo hablar con la misma locuacidad y ligereza de *este* relámpago, de *esta* semana, de *esta* década o de *este* milenio. La verdad es que tengo tanta capacidad para el tiempo como necesito tener en cada ocasión. Y la paradoja es que esta capacidad constituye mi dominio del tiempo. Puedo respaldar con entusiasmo las palabras de Ludwig Wittgenstein: «La muerte no es un evento que tenga lugar en la vida; no vivimos para experimentar la muerte [...]. La vida no tiene fin, del mismo modo que nuestro campo visual no tiene límites».

Permíteme resumir toda esta cuestión de esta manera: soy la Conciencia que observa, que no tiene principio, interrupción ni final, y como tal, nunca moriré.

(7) Soy Autooriginado

De todas las puertas, esta es la más grande e importante, el punto culminante y el clímax de las once. Todas las demás suponen un anticlímax (sin duda necesario, pero que emana o discurre aguas abajo de la Fuente).

Permíteme esbozar la historia terrenal de Aquel que «de modo imposible», sin ayuda y sin razón alguna, se da a luz a sí mismo antes de ser, antes de que Nada exista, antes de que Nada se haya puesto en marcha.

(a) En diciembre de 1945, una vasija de barro que contenía trece libros gnósticos encuadernados en cuero fue desenterrada accidentalmente en el Alto Egipto. Estos libros comprendían cincuenta y dos textos «secretos» escritos en copto. Probablemente los monjes de un monasterio cercano los habían enterrado quince siglos atrás por temor a que la Iglesia Católica los descubriera.

Entre estos textos «heréticos» se encontraba uno atribuido a los gnósticos barbelo. Vaya todo mi respeto y mi alabanza a su maestro anónimo que, no muchas décadas después de la crucifixión de Jesús, fue el primero en hablar del Uno que se da origen a sí mismo.

Muchos de los textos gnósticos posteriores cuentan la misma historia. Por ejemplo, en el Evangelio de los egipcios encontramos lo siguiente: «Este gran nombre Tuyo recae sobre mí, oh, Uno Autoengendrado que no estás fuera de mí». En general, los gnósticos abordaron cuestiones tales como el significado de la vida, de dónde venimos, qué somos, hacia dónde vamos o el origen y la naturaleza del universo. Aunque la mayoría eran cristianos, fueron prácticamente exterminados por los católicos mucho antes del 500 d. C.

(b) Alrededor del 800 d. C., en la corte del emperador Carlomagno, el filósofo irlandés John Scotus Erigena enseñaba que lo crucial no es LO QUE Dios es, sino EL HECHO MISMO DE QUE es.

(c) Leibniz (1646-1716), el famoso filósofo alemán, con su doctrina de la mónada, era de la misma opinión.

(d) En 1935 Martin Heidegger, otro filósofo alemán, escribió en su libro *Introducción a la metafísica*: «¿Por qué hay algo en lugar de nada? Obviamente, esta es la cuestión fundamental, la primera pregunta [...]. Al menos una vez en la vida, quizá más de una, el poder oculto de este interrogante nos atribula a todos, incluso a aquellos que no son conscientes de lo que está sucediendo». Y continúa hablando sobre el Fundamento del Ser que da origen a esta pregunta fundamental.

(e) Más o menos por la misma época, Ludwig Wittgenstein, el filósofo austríaco que ya he citado anteriormente, escribió que lo místico no es QUÉ es el universo, sino EL HECHO DE QUE exista.

(f) Durante el último medio siglo he compartido con gran cantidad de personas la maravilla del Uno que se origina a sí mismo. Su número anda por lo menos por los tres dígitos. ¡Y no es de extrañar! Es una pequeña parte de la realización que está surgiendo en los lugares más inverosímiles e insospechados y un motivo para abundar en la alegría en un mundo en la que, ciertamente, escasea. También es mi *fin*, lo que significa que es mi *propósito* y mi *cese*, mi desvanecimiento deliberado en tu favor.

(8) Estoy desconcertado

Yo soy el Uno que no tiene ni la más mínima idea de cómo se ha dado origen a sí mismo. No es que su ignorancia abismal le preocupe, muy al contrario, es pura dicha y felicidad divina para compartir con sus amigos. Conocer el secreto de la auto-originación sería despojarla de toda su fascinación, de todo su encanto y poder, y hundirnos de cabeza en un infierno de aburrimiento eterno.

(9) Soy todos los demás veedores

En su propia experiencia, ¿desde Qué mira el escorpión, el pulpo, el chimpancé, el niño pequeño?

Ciertamente no desde el rostro de un escorpión, ni desde el rostro de un pulpo (si es que tiene uno), ni desde el rostro de un chimpancé, ni desde mi propia cara cuando era un niño pequeño o ahora que soy un adulto. Todas las criaturas que *ven*, lo hacen desde el Mismo y Único Espacio Vacío. No desde un espacio vacío sin más, sino «vacío para ser llenado», un espacio que viene a ser como un alojamiento vacío siempre disponible para albergar *otras* caras. Esta Capacidad primordial que se niega a sí misma es el resplandeciente y atractivo Rostro Original del que habla el budismo zen.

(10) Soy todos los seres sensibles

Entonces, ¿se me niega la entrada y la unión con los sordos, los ciegos, los mudos, o con cualquier criatura que de alguna manera esté discapacitada? Por supuesto que no. Ningún ser sensible puede *ser* sin ser yo, sin ser EL SER MISMO. De hecho, es imposible exagerar el poder *acumulativo* de estas once puertas de escape, de estas once ofertas de rescate.

(11) Soy tú

LO QUE veo es mi problema, pero Aquello DESDE LO QUE veo es su solución. Y (¡paradoja de paradojas!) la verdadera solución es que tú, junto con todos los demás (y ciertamente no yo), eres mi Remedio, mi Cura, el Antídoto para mi tan arraigado egocentrismo. ¡Aquí mismo Yo Soy Tú!

Al principio de este capítulo te prometí no menos de once puertas abiertas de par en par para salir de la prisión de nuestros condicionamientos, y he cumplido mi promesa. Así es que ¡salgamos al Espacio Abierto!

7

Salirse de lo ordinario

Si te has convertido en un trono de Dios,
y el auriga celestial ha montado tu carro,
y toda tu alma se ha convertido en un ojo espiritual
y se ha vuelto totalmente liviana,
y si te has nutrido con el alimento celestial del Espíritu
y has bebido el agua de la Vida,
y te has puesto el vestido de Luz
y si, finalmente, tu ser interior ha experimentado todo esto
y se ha enraizado en la abundancia de la fe,
entonces he aquí que ya vives la Vida Eterna
y tu alma descansa junto al Señor

MACARIO EL GRANDE (siglo IV)

TODA CRIATURA ES MUY ESPECIAL para sí misma. En el orden cósmico de las cosas, has sido designado como guardián único y natural de tu propia importancia, de tu centralidad, tu singularidad. Este nombramiento, este *sine qua non* de la existencia, ha de ser tomado en serio y no negarse, no hemos de limitarnos a barrerlo debajo de la alfombra. Es un hecho que ha de ser confrontado y con el que, de algún modo, hemos de lidiar.

El problema, por supuesto, es que hay otros (millones y millones de otros) cuyo papel parece suponer sin remedio la frustración y la negación de tu importancia, tu centralidad y tu exclusividad. ¡Y hay que ver con qué ahínco se consagran a la tarea! Los humanos somos muy conscientes de esta dolorosa contradicción, este problema fundamental del «uno frente al resto», y hemos ideado cuatro formas de afrontarlo, a las cuales denominaré aquí *ir hacia arriba, ir hacia abajo, ir hacia arriba y hacia abajo* y *pasar a través*.

Veámoslas una por una en ese orden.

Ir hacia arriba

Ganar, vencer a los demás haciendo las cosas mejor que ellos, triunfar por las buenas o por las malas ahí donde los otros fracasan... Nadie puede evitar someterse a este tipo de esfuerzo, a esta tensión. Conseguir algo supone superar a alguna otra persona, si un juguete es mío no es tuyo, que yo gane una carrera implica que tú la pierdas, ganarme la vida es sacar dinero del bolsillo público... Solo así puedo crecer y convertirme en un miembro plenamente funcional de esta sociedad altamente competitiva en la que siempre ha de estar claro quién es el dueño de cada cosa.

Es inevitable que este impulso compulsivo de ganar, de destacar, de superar al resto, de ser una persona muy especial entre otras mucho menos especiales, desemboque en una gran frustración y desengaño a medida que nos vamos haciendo mayores. Tarde o temprano, y aunque a regañadientes, mi lema pasa a ser «unas veces se gana, otras veces se pierde», solo para, en su momento, ser reemplazado por el aún más desalentador y menos halagüeño «¡desgraciadamente no puedo quedarme para siempre con mis cosas!». Incluso antes de que la muerte (que vuelve a ponernos a todos al mismo nivel) se lleve de vuelta todo lo que hemos ganado y conseguido, ya posa su gélido dedo sobre ellas. Da igual cuántas riquezas poseamos, da igual cuántos logros hayamos conseguido en cualquier campo, pues nunca serán suficientes para investirnos con la importancia que creemos que nos es propia, que nos pertenece por derecho. No, nada es suficiente. ¡Ni de lejos! Conservar lo que hemos acumulado no nos proporciona demasiado placer, cuidar de ello supone una gran carga, mientras que perderlo nos causa un profundo dolor. En cierto sentido, en verdad no hay mayor fracaso que el éxito.

Como es comprensible, a algunos esto les ha hecho llegar a la conclusión de que, en cierto sentido, verdaderamente tampoco hay mayor éxito que el fracaso. Dicho de otro modo, han optado por ir hacia abajo.

Ir hacia abajo

Esta senda discurre en torno a la siguiente noción: «¿Por qué molestarse siquiera en participar en esta carrera de galgos que jamás podré ganar?». De hecho, me deshago de todas mis pretensiones de ser un galgo, ya no digamos de ser un galgo especial. Soy un don nadie. Pero no, este que habla no es Uriah Heep (siempre tan ladina y empalagosamente humilde), sino alguien que sencillamente practica alguna clase de disciplina moral o espiritual digna de ese nombre. Una que, por descontado, ha de incluir el nada sencillo cultivo de la humildad.

Y no es que esta vía hacia abajo sea solo para quienes aspiran a la santidad; hasta cierto punto, también es para nosotros, la gente común y corriente, no tan virtuosos y ejemplares. Andar siempre enarbolando la bandera de la excelencia, escalar implacablemente, insistir en ser siempre el mejor, el más prometedor, resulta contraproducente, es una actitud patológica y, en última instancia, letal. De hecho, del mismo modo que no podemos evitar el camino que va hacia arriba, tampoco podemos evitar aquel otro que conduce hacia abajo. El precio de la cordura se paga en parte con uno y en parte con otro. La vida se encarga de que alternemos entre ellos.

Pero, en cualquier caso, practicar la humildad de forma deliberada es bastante absurdo. ¿Por qué debería hacerlo? Solo hay una respuesta honesta, y es que sería para convertirme en alguien especialmente humilde, alguien mucho más humilde que el resto. Aunque, como es lógico, soy demasiado humilde para presumir de ello ante los demás, ¡pero apenas puedo evitar jactarme interiormente de mí mismo! ¡Imposible no sentirme orgulloso de mi humildad! Así que lejos de renunciar a mi pretensión de distinción e importancia, la he buscado con inquebrantable ardor en otro lugar (por abajo en lugar de por arriba), y además lo he hecho con bastante menos franqueza y autocrítica. Y así la empresa misma se revela como algo ridículo. De hecho, ningún santo practica la humildad como un ejercicio separado, como algo aparte o independiente del Uno en cuya presencia, en cualquier caso, todas sus pretensiones se convierten en humo.

Pero este capítulo y este libro tratan sobre mí y sobre ti, no sobre los santos. Trata de lo que denomino *personas que van arriba y abajo*.

Ir hacia arriba y hacia abajo

Digamos que más o menos la mitad del tiempo las cosas suceden de la manera que quiero que sucedan y siento que estoy ganando en el juego de la vida, mientras que la otra mitad ocurren como no quiero que sucedan, por lo que siento que estoy perdiendo en dicho juego. Esta existencia tipo yo-yo dista mucho de ser agradable y proporcionarnos sosiego, y acaba produciéndonos mucha ansiedad. Mi angustia surge, claro está, a partir de esa convicción que parezco traer de serie que me dice que soy especial y merezco ganar, mientras que el mensaje que me lanzan los demás es que no soy para nada especial y que la mayor parte de las veces merezco perder.

Es una situación incómoda y tambaleante que no tarda en chirriar con el uso. Todos los miembros efectivos de un grupo social, de cualquier tipo de organización o empresa, están secretamente convencidos de su especialidad, de su importancia e indispensabilidad, sin importar cuán bajo sea su estatus, y ciertamente su certeza hace que aporten una valiosa contribución al grupo en su conjunto. Si mi trabajo es barrer el suelo, tanto la tarea en sí como la forma en que lo hago y el estado en que se encuentra el piso son especiales. Todos esos aspectos giran en torno al Centro que soy. Pero, por supuesto, se trata de una percepción que tan pronto sube como que baja. Algunos días lo odio y lo hago mal, otros no. Rara vez es una labor libre de ansiedad, de ansiedad neurótica.

Como señala Harry Stack Sullivan, además de la ansiedad neurótica también sufrimos de otro tipo más básico de ansiedad que él denominó *ansiedad existencial*. Por mucho que tratemos de ignorarlo o reprimirlo, acecha en nosotros el conocimiento de que somos la más breve, fugaz y pasajera mota de polvo de cuántas existen en este inmenso universo, que si nuestra vida tiene algún sentido en absoluto, la muerte y el olvido se encargarán sin vacilar de convertirlo en un absoluto sinsentido, que nuestras pretensiones de centralidad e importancia no son más que un mal chiste. Y así vamos actuando al buen tuntún, ahora arriba, ahora abajo, siempre atormentados por la certeza de la derrota final y sujetos en diversos grados a la ansiedad existencial.

La buena noticia es que, como estamos a punto de ver, existe una cuarta forma de afrontar la condición humana, sus anomalías y contradicciones intrínsecas y las ansiedades resultantes. Si bien supone una gran mejora y un gran avance respecto a las otras, no arribamos a ella ignorando o negando la penosa situación en la que nos encontramos, sino admitiéndola en su totalidad y sin reservas.

Pasar a través

Estrictamente hablando, lo que sigue no es tanto una vía o una manera de afrontar la vida, sino más bien una forma de atravesar, de ir al meollo de la cuestión y atravesarlo directamente. Es una de varias soluciones posibles al problema del profundo sentido de singularidad y centralidad que tenemos en un universo que parece decidido a echarlo por tierra. Pero espero que veas que, a diferencia de algunas otras rutas alternativas que «pasan a través», esta es directa, está libre de obstáculos y muy bien señalizada. En toda ella la marcha es estable y placentera, y puede llevarte de la mano hasta tu destino. Todo dependerá de la voluntad que tengas de realizar el siguiente experimento. Independientemente de cuán a menudo o cuán exitosamente lo hayas realizado en el pasado, debo pedirte que lo hagas de nuevo, pero esta vez con una diferencia crucial.

Necesitarás al menos la ayuda de cuatro amigos, uno de los cuales leerá en voz alta las siguientes instrucciones y se asegurará de que los demás las cumplan escrupulosamente.

Primera parte del experimento

A cada uno de vosotros se le ha entregado una cartulina con un orificio del tamaño de una cabeza y un espejo que viene a ser más o menos del mismo tamaño que la cartulina.

Sostén la cartulina en alto, a la altura de la cara y con los brazos estirados, y observa lo vacío que está ese agujero central, lo absolutamente *imperecedero* que es ese espacio (pues no hay nada ahí que pueda perecer), lo *atemporal* que es (pues no hay nada en él con lo que registrar el paso del tiempo).

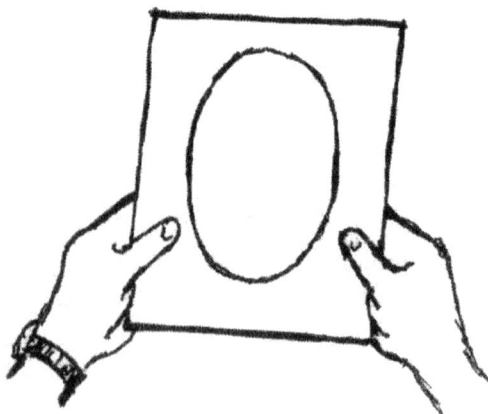

Ahora fíjate en lo perfectamente *lleno* que está ese espacio con lo que sea que muestre (por ejemplo, con la pared de enfrente, la ventana y las cortinas, además de tus pies y tus piernas), así como en lo perfectamente *unido* que está este vacío imperecedero a sus contenidos, todos los cuales son perecederos (y, de hecho, ya están muriendo ahora mismo).

Date cuenta, no obstante, de que este vacío-lleno presenta tres limitaciones severas. (1) Está limitado a la cartulina (por lo que es bastante pequeño), (2) está ahí y no aquí, donde tú estás, y (3) es inconsciente.

Ahora vas a dejar atrás estas tres limitaciones poniéndote lentamente y con total atención el agujero de la cartulina en la cara como si de una máscara se tratase.

Y, mientras lo haces, fíjate atentamente en ese momento de la verdad en el que:

(i) la cartulina se desvanece y el espacio en ella explota hasta el infinito;

(ii) el espacio ya no está a una cierta distancia, sino justo donde tú estás; y

(iii) dicho espacio despierta en ti mismo y como tú mismo. De modo que el espacio que estabas mirando se convierte en el espacio desde el que miras, el espacio vacío, lleno, sin límites e imperecedero que es tú mismo, el espacio que tú mismo eres.

Y ahora, mientras sostienes la cartulina tan cerca de ti como es posible, echa un vistazo a la pinta tan graciosa que tienen los amigos que se encuentran a tu alrededor. Date cuenta de que, según la evidencia presente, tan solo tú has dejado atrás tu humanidad (tu condición de humano) con sus limitaciones y has llegado al ilimitado, atemporal e imperecedero vacío-lleno que está absolutamente vivo para sí mismo como el poseedor de estos atributos esencialmente divinos. Fíjate que tus amigos están atrapados en sus cartulinas, encerrados en su condición humana, y únicamente tú te has vuelto absolutamente cristalino y diáfano en tu Divinidad.

Y si todas las criaturas sensibles del universo se agolpasen en tu sala de estar, si le entregásemos a cada una de ellas una car-

tulina perforada del tamaño adecuado y les persuadiésemos de
llevar a cabo este experimento a la vez que tú mismo lo realizas,
aún así, ¡seguirías siendo el único en salirte claramente de tu
pequeño escondite y saltar a la INMENSIDAD! Verías como
todas y cada una de esas criaturas, sólidas como marmotas,
están ostensiblemente circunscritas a la boca de su agujero
correspondiente, que están limitadas a la propia criatura particular que fuesen en cada caso. ¡Sí, tú eres el Único, el Solitario,
El Uno absolutamente único! Y esa dedicación que durante
toda la vida has cultivado hacia tu propia especialidad, tu centralidad y tu importancia es más que profética. ¡Estaba perfectamente justificada, su fundamento ha sido totalmente consistente desde el primer momento!

Fin de la primera parte del experimento

Fin que marca la aparición, supongo, de una seria duda en
tu mente. Casi puedo oírte decir: «Sí, pero lo que es cierto para
mí también debe ser cierto, según su propia experiencia, para
todos los demás. No hay nada que impida que alguien más
llegue al otro lado de la cartulina y reclame la singularidad o la
unicidad que yo reclamo. Está claro que esta exclusividad es
una tontería, una mera ilusión subjetiva, ¡el mayor delirio de
grandeza que pueda haber!».

Bien. La segunda parte de nuestro experimento aborda esta
objeción.

Segunda parte del experimento

Con una mano sostén la cartulina justo donde la tenías, y con la otra sujeta el espejo frente a ti con el brazo estirado.

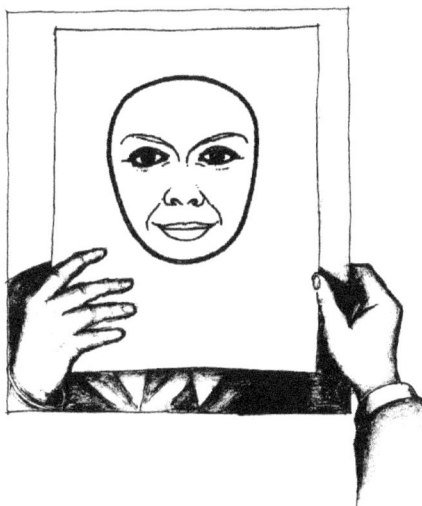

No te sorprenderá ver que esa persona tan familiar de ahí, la que está detrás del cristal del espejo y se encuentra más o menos a un metro de aquí, del lugar en el que estás tú a este otro lado del espejo, está atascada (al igual que las miríadas de otras marmotas) en la boca de su agujero. ¡Es una de ellas, nada fuera de lo común, nada especial ni en lo más mínimo!

Pero... ¡espera un momento! Fíjate en cómo, a este lado del cristal, sigues siendo este Espacio ilimitado e imperecedero en el que ocurren las cosas. Observa el contraste total que existe entre el tú humano a ese lado del cristal y el Tú Divino a este otro lado del mismo, a este lado que es tu lado, el lado en el que estás. Aquí mismo sigues estando completamente fuera de lo ordinario, sigues siendo absolutamente único.

¿Cómo pueden coexistir estas dos versiones tan sumamente incompatibles de ti mismo? La cuestión es que *ninguna criatura logra alcanzar su divinidad COMO LA CRIATURA MISMA*.

Incapaz de sobrevivir a los rigores de este viaje de viajes, perece por el camino. Solo el Uno Especial llega al Uno Especial. Solo el Único puede recorrer todo el camino hasta el Único. Su sorprendente gracia se encarga de que realmente pases a través de Él, pero *no como tú, sino como Él.*

Lo que tienes que hacer ahora es aceptar su invitación y seguir viendo tu camino a Casa, la senda que conduce a Él, hasta que tu visión se transforme en mucho más que una mera visión, hasta que madure y se convierta en un puro confiar de todo corazón en el Uno que es absolutamente confiable, hasta fusionarte con todo tu ser en el Uno en cuyo seno en verdad nos podemos fusionar. Y entonces descubrirás, como sugiere Sullivan, que los últimos retazos de tu ansiedad neurótica se disuelven, porque tu ansiedad existencial básica (la ansiedad que concierne a tu verdadera identidad) se disipará finalmente.

No sé qué otras conclusiones prácticas puedes haber sacado de nuestro experimento, pero aquí están las mías. A pesar de lo lento que fui a la hora de realizar la primera parte del experimento (tardé treinta y siete años en hacerlo), comprendí que la segunda también resulta muy importante. Ver a Dios dentro y a Harding fuera son las dos mitades inseparables de una misma operación. En modo alguno podría tener a uno sin el otro. Hasta que no ubique sólida e inquebrantablemente mi condición humana ahí fuera junto con el resto de la gente, hasta que no la sostenga ahí fuera con mis propias manos, siempre existe el riesgo de que vuelva arrastrándose hasta aquí e infecte mi Centro Divino, reduciéndolo así a un horrendo (diabólico, de hecho) delirio de grandeza. Comprender, sentir y creer profundamente en el abismo insalvable que separa mi condición humana de mi divinidad dista mucho de ser suficiente. Necesito verla, y verla es lo que hago. ¿Cómo podría expresar el enorme alivio que siento por haber enmendado este despiste, por esta purificación, esta descarga, esta salvación certera y segura? Salvarse es ser Él.

EN EL CENTRO, VERDADERAMENTE
TE SALES DE LO ORDINARIO

Y TE SUMERGES
EN LO EXTRAORDINARIO

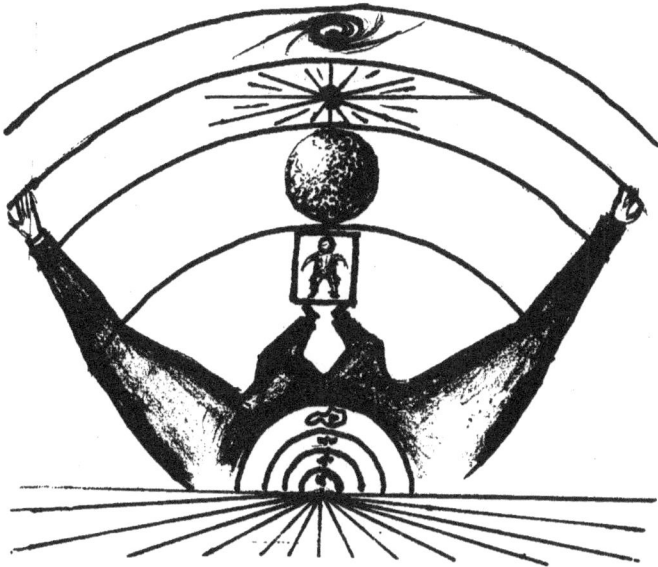

8

El Cielo inunda la tierra

El Cielo inunda la tierra a rebosar
y cada arbusto común arde con Dios,
pero solo el que ve se quita los zapatos,
el resto se sienta alrededor del arbusto,
se dedican a coger moras
y embadurnan sus rostros naturales
mientras se van volviendo más y más
inconscientes de cómo era originalmente.

ELIZABETH BARRETT BROWNING

J USTO AHORA, SENTADO EN LA TERRAZA de esta casa bajo el ardiente sol de julio, estoy mirando unas lobelias. Decir que el azul de la lobelia es celestial sería quedarse muy corto y no hacerle justicia. Sería más apropiado decir que está prendida de Dios, que arde y refulge con Él. Pero prendida no con un fuego «espiritual» (sea lo que sea que quiera decir esa quimera), sino con un fuego mucho más ferviente, uno que supera el fuego ordinario pero no siendo menos físico que este, sino siendo mucho más físico, podría decirse que siendo superfísico. En un cierto sentido muy real, el Cielo es más sustancial, más integral, más completo y encarnado que la propia tierra (¡es incluso más terrestre y mundano que la tierra!). En ese sentido, Dios es más físico y palpable que los seres humanos. Y por ese motivo los caminos que conducen a Él también son así: precisos, activos, auténticos, reales, sensatos, concretos, justo lo contrario de lo abstracto. Y, además, demuestran ser absolutamente prácticos a la hora de lidiar día a día con la vida tal como es.

Supongo que podría decir que mi trabajo consiste en hallar formas de regresar a Dios, que es nuestro verdadero Hogar, y después compartirlas y practicarlas. Lo cual, en lenguaje ordinario, significa que estoy metido en el negocio espiritual. Y podrías pensar que se trata de algo de otro mundo, algo alejado de la realidad, algo que sigue el ejemplo de san Jaime, quien dijo que la verdadera religión y lo inmaculado consiste en «visitar a los huérfanos y las viudas en su aflicción y mantenerse a uno mismo sin mancha del mundo».

De hecho, si nos atenemos a esta definición de religión, soy tan poco religioso como se puede ser, mundano y terrenal hasta la médula y alérgico a lo metafísico. En los últimos meses me ha ido asombrando más y más descubrir hasta qué punto es física y palpable la verdadera espiritualidad, así como lo espiritual que es lo físico en realidad. La tierra está saturada de Cielo en todo tipo de formas y maneras. Todos los enfoques que me llevan a Dios resultan ser carreteras reales que parten de un lugar real y conducen a un lugar aún más real, travesías cuajadas de vehículos reales que se toman su tiempo y tienen sus limitaciones y defectos. Y (lo que resulta aún más sorprendente) cada viaje al Hogar es en sí mismo un despliegue indispensable de Eso que se revela al final del camino. Es lo que podríamos llamar *una REAL-ización que transforma conceptos ociosos y nebulosos en percepciones activas y precisas*. O, más sucintamente, una *concretización* (sí, esta palabra repulsiva pero precisa aparece en el diccionario).

En este capítulo me gustaría recorrer algunas de las vías que nos llevan de vuelta al Hogar y mostrar cómo lo que en apariencia comienza siendo una noción común pero vaga y cuestionable (cuando no del todo ilusoria) acaba convirtiéndose en una Realidad segura, claramente visible y sobrecogedora. No es solo que la revelación espiritual, la Visión Beatífica, sea compatible con las condiciones o los objetos físicos que la acompañan, sino que directamente no puede pasar sin ellos. El Cielo inunda la tierra tanto como la tierra inunda el Cielo. Muéstrame algo espiritual que se lave sus santas manos de todas las cosas comunes, sucias o impuras, y yo te mostraré un espejismo, un sueño anodino y probablemente idolátrico.

La puerta

Te pido por favor que repitas el experimento descrito en el capítulo anterior. Otro nombre para «El agujero en la cartulina» es «La puerta en el muro» (tu puerta hacia Dios). En el Evangelio de Tomás leemos: «Muchos son los que llegan hasta la puerta, pero tan solo el Uno penetra hasta la cámara nupcial». Siempre que hayas llevado a cabo las dos partes del experimento a conciencia y con éxito, habrás podido comprobar por ti mismo que tú (sí, tú, de entre todos los 6.000 millones de seres humanos que en este momento pueblan la tierra... por no mencionar al resto de todos los seres sintientes que son, fueron o serán) eres ese Uno, el Único, el Solitario. Solo tú, el Uno, pasas limpiamente por la puerta que conduce al Uno (y la cruzas siendo el Uno).

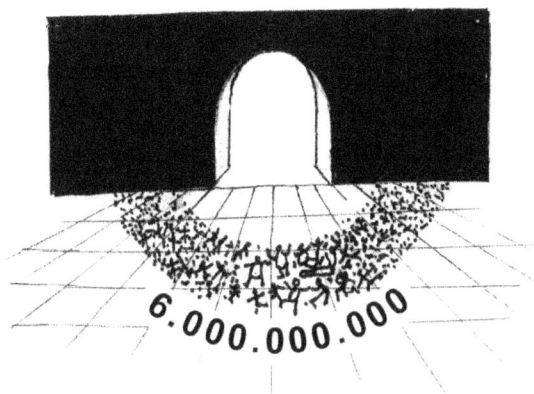

¿Cómo puedes estar seguro de que tú eres el Único que pasa por el agujero o por la puerta? ¿Pensando en ello, potenciando tus sentimientos, teniendo fe? ¡Ciertamente no! Está claro que *hiciste* algo. Te dirigiste directamente a la Apertura y pasaste sin la menor dificultad. Y luego echaste un vistazo alrededor y comprobaste que todos los demás estaban atrapados en la Apertura, bloqueando la misma. Todas las evidencias apuntaban a la asombrosa verdad de que, sin importar cuántas hordas de seres sensibles estuviesen llevando a cabo ese experimento contigo, únicamente tú consigues llegar hasta el Uno. Confiaste en tus sentidos para llevarte hasta el Único y, ¡Dios mío!, así lo hicieron.

¿Y cómo puedes estar seguro de que aquello a lo que llegas y a lo que te unes no es otro sino el Uno, el Único, el Solitario? Pues porque aquí y solo aquí encuentras la Claridad que es perfectamente visible porque es perfectamente simple, inmutable, ilimitada, vacía, llena e inmóvil, en pronunciado contraste con todo lo demás, con todas esas otras criaturas más o menos invisibles, creaciones vaporosas que solo muestran una faz. De nuevo, fueron tus sentidos los que sintieron y exploraron esa topografía divina tan única y particular.

Ahora dime, ¿qué podría ser más real, más visual, más físico que toda esta operación; que tu paso del lado lleno de problemas y dificultades del muro al otro lado; que tu paso de mirar a la Divina Claridad a mirar desde Ella, a partir de Ella, siendo Ella; que tu fracaso absoluto a la hora de encontrar algún límite o frontera en tu Amplitud; que el colapso de la distancia entre tú y la galaxia más lejana; que tu explosión en la Inmensidad?

El arzobispo William Temple describió el cristianismo como la más materialista de las grandes religiones. Creo que estaba en lo cierto, pero en todo caso, podemos decir que se trató de un elogio bastante elevado. Si tanto tú como yo estamos seguros de que la vida aparte de nuestra Fuente no es vida en absoluto, si sabemos que nos encontramos a nosotros mismos perdiéndonos a nosotros mismos en Él, y que rechazar la Visión Beatífica equivale a estar ciegos a toda visión verdadera, entonces con agrado tomaremos la vía sencilla, el camino terrenal a Casa, a Él, la vía que Él mismo ha creado, y dejaremos de jugar con

todos esos otros pomposos, grandilocuentes, nebulosos y com-
placientes sustitutos de la Divinidad (meros callejones sin
salida todos ellos). Despreciar su tierra es cerrar las puertas de
su Cielo.

Abrir el Tercer Ojo

Te dirán, por supuesto, que tu Tercer Ojo no es real, que no
es algo que exista verdaderamente en el mundo material, sino
tan solo una metáfora útil. Te dirán que no hay nada físico en
él, ni en su apertura ni en el hecho de que permanezca cerrado.
Te explicarán que se trata tan solo de una metáfora ideada por
las religiones orientales para dar una noción del estado en el
que se encuentran las así llamadas *almas iluminadas*. Y aña-
dirán que la luz de la iluminación de estos individuos es igualmente metafórica y falta de luminosidad real. Del mismo modo, aquí en Occidente te dirán que cuando Jesús pronunció
estas palabras: «Si tu ojo es único, todo tu cuerpo estará lleno
de luz y no habrá ningún rincón oscuro en él», no estaba
hablando de tu ojo físico, sino que se refería a tu estado mental
o espiritual de concentración o atención. Y nuevamente agre-
garán que la luz a la que hace alusión es un símbolo, una metáfora o una parábola que apunta a algo puramente espiritual. A
Jesús le encantaban las parábolas.

Aclaremos la cuestión ahora mismo de una vez por todas,
sencillamente fijándonos para ver qué pasa cuando nos pone-
mos las gafas poco a poco.

Las dos lentes que sostienes en tus manos ahí fuera se
fusionan en una sola cuando llegan aquí, a tu nariz. En realidad
llevas un monóculo. ¿Y por qué? Porque estás mirando desde
Un Ojo, desde un Ojo Único que es muchísimo más grande que
el monóculo.

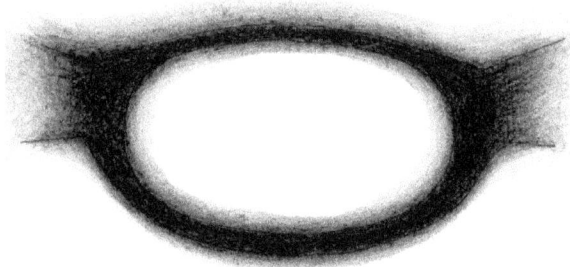

¿Por qué estás mirando desde un gran Ojo Único? Porque eres como un cíclope. Para examinar lo grande que es este Ojo, quítate el monóculo (convirtiéndolo de ese modo nuevamente en un par de gafas) y trata de encontrar los límites de este gigantesco Ojo único desde el que estás mirando explorando el espacio que te rodea con los brazos extendidos.

Si no logras encontrar ningún límite, si descubres que lo que estás buscando es invariablemente más grande que aquello que estés mirando, incluso cuando lo observado sea el mar o el cielo, ¿cómo podrías reclamar, asumir y explicar este Ojo que trasciende el mundo sin asumir también a su Dueño (que, igualmente, trasciende el mundo)? ¿Cómo podrías poseer y activar con tanta confianza y sin el menor problema este Órgano inigualable y sin embargo mantenerte distante de su Operador, de este excepcional Organismo ciclópeo? (Estoy seguro de que no le importará que le llamemos así... No es más que una forma de hablar).

Dejaré que seas tú mismo quien conteste estas cuestiones de vida o muerte. Mi propósito aquí es recordarte (y, por supuesto, recordarme a mí mismo) cómo respondemos a estas preguntas y cómo realizamos estos sorprendentes y tremebundos descubrimientos acerca de la identidad del Uno que está aquí, del Uno que ve. ¡Lo hacemos poniéndonos las gafas de ver o las gafas de sol un poco más despacio de lo habitual! Esto no podría ser más mundano, más práctico y ordinario, ni, para el caso, tampoco podría conducirnos a un lugar más glorioso que las mansiones celestiales a las que de inmediato nos transporta. La tierra no demora en desbordar y rezumar el Cielo que la impregna.

Y en cuanto a la luz que ilumina tu Ojo Único (en la Iglesia ortodoxa solían llamarla «la Luz no creada»), solo tienes que echar un vistazo por ti mismo y comprobar cómo es ahora mismo. Algunos sufíes la han llamado «la Luz que ilumina la luz», y el Evangelio de san Juan agrega un apóstrofe y la denomina «la Luz que ilumina a todo hombre que viene al mundo». Sugiero que, de entre todas las cosas que hay en el mundo, esta es prácticamente la más real, la más verdadera, la menos simbólica (en el sentido de representar alguna otra cosa). Es nada menos que la Luz esencial del Cielo.

De conducir tu coche a conducir el paisaje

Este libro trata sobre tu unión potencial con el Dios del Cielo y la tierra, y en este capítulo nos estamos ocupando de algunas demostraciones y pruebas sumamente terrenales, así como algunas prácticas que (si se lo permites) te mostrarán más allá de toda duda la realidad de esa unificación celestial. Más concretamente, en esta sección veremos una de las más conmovedoras, trascendentales y extraordinarias de estas demostraciones, pruebas y prácticas, una que, literalmente, hará que la tierra se tambalee, que el mundo se mueva... Una convulsión en verdad espectacular, si es que alguna vez ha habido alguna.

¿Cómo puedes saber con certeza que estás unido a Él? ¿Consultando tus sentimientos? Bueno, estos te contarán muchas historias confusas y contradictorias. ¿Por medio de una disciplina más estricta y manteniéndote puro e inmaculado apartándote del mundo? Eso podría alejarte más que nunca de tu Creador. ¿Elaborando argumentos teológicos y tratando de comprender, por ejemplo, a qué se refería Aristóteles cuando describía a Dios como «el Motor Inmóvil del mundo»? ¡Qué tengas suerte! ¿Acaso crees que él mismo lo entendía?

Has de bajarte de tu sofisticado pedestal mental-espiritual, descender a la tierra y ser lo suficientemente sencillo y honesto como para mirar y tomarte en serio lo que está ocurriendo. Tan humilde, por ejemplo, como para darte cuenta del extraño comportamiento de las farolas que pasan apresuradamente frente a tu coche.

Por supuesto que todo el mundo te dirá que no son las farolas, sino tú y tu coche, los que vais a 100 kilómetros por hora; que todo el escenario, desde los setos más cercanos hasta las colinas y, más allá, las cimas de las montañas, se mantienen quietos y en su sitio, y que cualquier movimiento que parezcan tener es, claro está, totalmente ilusorio. Por supuesto. Sin embargo, yo te aseguro que el hombre te dice una cosa sobre las farolas pero Dios te cuenta algo muy diferente, y de ti depende a cuál de los dos hacer caso. Es mucho lo que depende de esta elección. Dios te está invitando a plantarte en la Inmovilidad central desde la cual Él mueve todas las cosas, incluidas las farolas; te está invitando a compartir plenamente esta vívida demostración de su poder y su gloria. Y lo que es más, no repara en llegar a extremos extraordinarios para que aceptes el soberbio obsequio que te está entregando. Mientras que, por su parte, el hombre te dice: «Fíate de lo que te digo, no de lo que ves, y así serás uno de los nuestros, serás un miembro más del club. Obedece las reglas del club, o si no...». En cambio, Dios alega: «No te pido que tengas fe y creas que tú y yo somos Uno, sino simplemente que te guíes por la evidencia. Estoy haciendo todo lo que está en mi mano para mostrártela».

Además, me parece que la forma sensata de elegir entre estas dos alternativas es que mires y veas Qué eres justo donde estás cuando (como dicen) conduces tu coche. Creo que verías algo así:

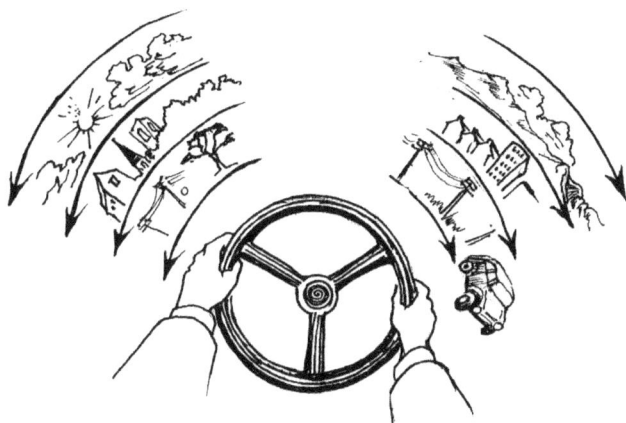

Uno de los aspectos que caracterizan a las *cosas* es que se mueven. No cabe duda de que esas manos tuyas sobre el volante y esos pies en los pedales son cosas que se mueven. Pero el Tú que está más cerca de ti que esos miembros móviles, el Tú que está atareado extendiéndolos hacia delante, el Tú desde el que (según la evidencia presente) estás mirando, es manifiestamente una No-cosa (no es nada), y es imposible mover algo que, básicamente, es una Ausencia-de-cualquier-cosa-que-se-pueda-mover.

Eso en cuanto a ti, veamos lo que le ocurre a tu mundo. Ahora, por favor, pon la atención en la carretera que se extiende frente a ti. Estoy seguro de que verás una especie de río de asfalto que se va desplegando, se ensancha y fluye con rapidez, un río en el que tú estás anclado firmemente. Y en cuanto al paisaje en todos sus detalles, tanto lo que está en la distancia como lo que se encuentra cerca de ti, ¡es *eso*, y no tu coche, lo que, como es claro y manifiesto según la evidencia presente, estás conduciendo!

De verdad no soy capaz de imaginar cómo esta invitación a participar en su Naturaleza Divina, con todo el Poder y la Gloria que le son inherentes, podría expresarse con más vehemencia o en términos más pujantes, más apremiantes o persuasivos; o cómo podría estar su tierra más llena y saturada de Cielo de lo que está, tan completa y vívidamente y hasta el último detalle físico. ¡Así de generosa es la Nada (la No-cosa) que es Todo (Todas-las-cosas)!

Por mucho que…

Por mucho que declare a voz en grito que estoy establecido en el ser humano que ves, que vivo a partir de él y que eso es lo que soy, en realidad mis cimientos se hunden en el Ser Divino que no ves y que realmente soy en el Centro, y desde ahí es desde donde vivo. Antes de poder equivocarme sobre lo que soy ahí fuera, ¡tengo que tener claro lo que soy Aquí, justo Aquí!

Por muy negativos que sean mis sentimientos sobre ti, o por ruin y malicioso que sea mi comportamiento, la incuestionable verdad es que doy mi vida por ti, que te entrego mi propio ser. ¿Cómo podría ponerte aquí sin quitarme a mí? ¿Cómo podría verte sin dejar de verme a mí mismo? ¿Acaso sería posible socavar esos sentimientos negativos o ese mal comportamiento de una forma más drástica y radical que viendo que carecen de una base real?

Por mucho que crea que las estrellas se encuentran a una enorme distancia, o que, para el caso, cualquier cosa, lejana o cercana, se encuentra a una cierta distancia de mí mismo, lo cierto es que la única forma en que puedo recibirlos y acogerlos es abolir su distancia, coincidir exactamente con ellos. He de tenerlos aquí antes de que pueda enviarlos a eso que llamo «el lugar que les corresponde».

Por muy convencido que esté de que tengo dos ojos, jamás he dejado ni jamás dejaré de ser siempre única y exclusivamente monocular. Veo (y vivo) desde lo que soy, desde cómo soy, y desde aquí veo lo que no soy. Me resulta imposible alucinar periféricamente sin dejar de hacerlo en el centro.

Por muy pequeño que crea que soy, ¿cómo no explotar en todas las direcciones hasta el infinito?

Por muy viejo que crea que soy, ¿cómo puedo envejecer ahí donde no hay absolutamente nada que pueda envejecer?

Por muy enfermo que esté, mi medicina siempre está más cerca de mí que mi enfermedad y, para el caso, es mucho más potente.

Por muy mal que se me dé ser esto, aquello o lo de más allá, no podría ser mejor a la hora de Ser —y No-ser—.

Hagamos un pequeño resumen de lo que hemos descubierto en este capítulo. La flor es hermosa, pero siempre es breve y a menudo está marchita. Por sabrosa que sea, la fruta se pudre y muchas veces es más amarga que la hiel. Sin embargo, la Raíz que nos nutre es perenne y absolutamente sólida. «El mundo está cargado de la grandeza de Dios» y verdaderamente «en lo hondo de las cosas habita la más amada frescura»[*]. Pon la tele, lee las noticias y trágate tu dosis diaria de infierno, complétalo con una lista de todas las cosas que van mal en tu propia vida y después dime qué motivos quedan para tener esperanza. Sin duda, un optimista es un fraude o un tonto, tú me dirás. Bueno... No necesariamente. Podrías ser tú quien, en un gesto de gran arrojo y audacia, finalmente se deje guiar mucho más por lo que ve que por lo que se le ha dicho que vea, lo que se le ha enseñado que vea, o lo que finge o pretende ver. Tú, que dejas de reprimir el hecho de que la tierra es la tierra únicamente porque está cómodamente aposentada en el regazo del Cielo.

---

[*] Poema «God´s Grandeur», de Gerard Manley Hopkins. (N. del T.)

Tú, que ves con más y más claridad cómo las dichosas, felices y fascinantes verdades de Dios sobre ti mismo exponen y sacan lo mejor de todas esas otras ficciones sociales tan terriblemente infelices y tediosas.

9

La señorita Chipperfield y el acuarelista del mundo

E N LA INFANCIA SUCEDEN COSAS muy sorprendentes, curiosas indicaciones de cuál será nuestro verdadero carácter, de nuestra misión o nuestro destino, sucesos que parecen determinar el rumbo del resto de nuestra vida. O que al menos señalan en la dirección que más probablemente tomará. En el momento, por supuesto, no las interpretamos en absoluto como algo profético. Es solo al verlas en retrospectiva que nos damos cuenta del significado trascendental de estos acontecimientos tempranos. Y así resulta que la vida, aunque se vive hacia adelante, se comprende hacia atrás, y el niño se revela sin lugar a dudas, en palabras de Wordsworth, como el verdadero «padre del hombre».

Al echar la vista atrás veo que Wordsworth estaba en lo cierto, al menos en lo que respecta a este niño. No solo comencé inusualmente temprano con el trabajo de mi vida, sino que lo hice con algunos de los momentos estelares del mismo.

Por aquel entonces tenía unos seis años. Nuestra casa se encontraba en lo alto de un acantilado con vistas a un Mar del Norte color pizarra y a los restos cubiertos de algas de un buque pesquero naufragado llamado *The Spider* (La Araña). Tenía la costumbre de vagar solo por la ventosa y desolada orilla, y aquí fue donde descubrí mi mina de joyas (rubíes, esmeraldas, turquesas, amatistas, topacios, de todo). Eso sí, fue un descubrimiento gradual para el que tuve que cavar mucho pacientemente. Algunas de las más hermosas, como los rubíes, eran raras y, por lo tanto, más valiosas en proporción, pero yo era un minero esforzado y trabajador que solía visitar con frecuencia el yacimiento. ¡Y cuán abundantemente fueron recompensados mis esfuerzos!

Y es que no se trataba del tipo de piedras preciosas que uno puede encontrar en los escaparates de las joyerías, de esas que se incrustan en anillos, collares y coronas. ¡Oh, no! Eso no son más que simples joyas, bisutería común y corriente sin ningún poder mágico. Sí, brillantes y hermosas como mis gemas, por supuesto, pero ordinarias, en absoluto misteriosas y carentes de todo poder.

Las mías, en cambio, eran del todo especiales. De hecho, eran únicas, y tan diferentes que merecían otro nombre. Llamarlas superrubíes, superesmeraldas y así sucesivamente, o incluso referirnos a ellas como las auténticas Joyas de la Corona, no llegaba siquiera a empezar a hacer justicia al poder mágico de mi tesoro. O tal vez debería decir al poder mágico sobre el mundo entero que otorgaban a su feliz propietario (es decir, el poder que me conferían a mí, a este aparentemente vulgar y ordinario niño pequeño al que con tantas reglas e imposiciones martirizaban y atosigaban.

Este poder mágico era la capacidad de pintar el mundo en su totalidad, hasta el último rincón, desde la más alta nube algodonosa del cielo hasta mi propia mano, desde el más diminuto buque de vapor en lontananza hasta la espuma de las olas que rompían a mis pies, al instante y con el color que yo eligiese. Y después, también de forma instantánea, el poder de cambiar ese color, por ejemplo, de rojo a azul, y luego de azul a ámbar, según me apeteciese. Y esta magia no solo era ciertamente secreta (pues me cuidaba muy mucho de no hablarle de ella ni a mis mejores amigos), sino que se trataba de un poder del que los demás evidentemente carecían por completo. Fuese lo que fuese que se llevasen a los ojos, fuese cual fuese la gema a través de la cual eligiesen mirar, a la escena no le ocurría nada en absoluto, seguía siendo del mismo color de siempre. ¡Solo yo tenía derecho de arrogarme el título de *acuarelista del mundo*!

Como es lógico, el lenguaje que uso ahora para describir la experiencia de mi infancia es muy distinto del que habría utilizado en ese momento. De hecho, nunca tuve ni la habilidad ni la necesidad de explicar estas cosas en detalle. Y seguramente eso las hacía aún más emocionantes y yo las sentía con más profundidad.

No es de extrañar, entonces, que el fin de esta historia, la trágica conclusión de mi aventura de extracción de gemas, resultase tan devastadora. Tanto que aún hoy día recuerdo la escena vívida y detalladamente: el eco de la clase y la vista que desde la ventana de la escuela tenía de mi playa desierta y del mar embravecido.

En esa ocasión el ogro fue la señorita Chipperfield, la ya entrada en años hija del ferretero. Era una de las maestras, la única fea y desagradable, de la escuela (una guardería más que un colegio propiamente dicho) de la señorita Smith, a la que yo asistía a diario. Se dio cuenta (¡como para no hacerlo!) de que los bolsillos de mis pantalones cortos de color crema se abombaban de un modo sospechoso, por lo que me obligó a vaciarlos. Y luego tuvo el descaro y la iniquidad de decir que mis preciosas joyas no eran más que basura, sucios trozos rotos de cristal que ya estaban echando a perder mis pantalones cortos y con los que a buen seguro me cortaría más pronto que tarde.

Bueno, grité y sollocé, le supliqué que me dejase quedarme al menos con mis rubíes, pero todo fue en vano. Todas las piedras preciosas fueron a parar al cubo de basura de hierro y los perdí para siempre. Y lo que era aún peor, se lo contaron a mis padres y estos me prohibieron estrictamente retomar mis trabajos de excavación. ¡Cómo maldije a la señorita Chipperfield! Desde entonces me aseguré de no aprender absolutamente nada que proviniese de ella.

Pero, por mucho que le hubiese gustado, la miserable mujer no fue capaz de despojarme de todos mis poderes mágicos. Hubo otro poder que descubrí incluso antes del truco de colorear el mundo. En aquel momento no le puse ningún nombre concreto, pero «poseer el mundo» podría servir. Si bien era menos espectacular que el de «colorear el mundo», tenía la gran ventaja de que nadie podía adivinar que lo estaba haciendo, ni mucho menos ponerle fin.

En esos días lejanos la gente se libraba de los niños pequeños enviándolos a la cama a las siete en punto de la tarde, o incluso antes. En lugar de cortinas, la ventana de mi habitación tenía una persiana enrollable amarillo crema cubierta con arabescos marrones que dejaba pasar la mayor parte de la luz en las tardes de verano y, en invierno, la mayor parte del resplandor de las lámparas de arco de la calle. Así era como, incapaz de conciliar el sueño y sin poder levantarme por tenerlo prohibido, permanecía ahí durante horas y horas contemplando esos arabescos marrones. Aunque en sí mismos aquellos estampados eran del todo aburridos, descubrí que si los miraba fijamente podía hacer algo maravilloso con ellos. ¡Podía traerlos justo aquí, ponerlos en mi lugar! Y, después de adquirir un poco más de práctica, también era capaz de hacer lo mismo con otras cosas, sin importar lo distantes que los demás dijesen que estaban. Ahora bien, el atractivo de esta magia no radicaba solo en que a pesar de poder aplicarse a cualquier objeto del mundo seguía siendo perfectamente secreta, sino también que el colapso de la distancia de dichos objetos hacía que las cosas fuesen mías. Cuando las veía verdaderamente de este modo, todo aquello en lo que posaba la mirada se convertía en mi propiedad, en algo que en verdad me pertenecía. Pero, de nuevo, por supuesto, por aquel entonces no me dedicaba a jugar con las palabras de este modo. Era suficiente con el hecho de que, de alguna manera, vivía mi ubicuidad y mi totalidad, mi capacidad para estar en todas partes y presente en todo. Aquello marcaba una gran diferencia. Por ejemplo, cuando se apagaban las luces de la calle, levantaba un poco la persiana y podía ver las estrellas dentro de mi habitación. ¿O era más bien que podía verme a mí mismo dentro de la habitación de las estrellas? Fuese como fuese, si quieres algo verdaderamente mágico, ¡ahí lo tienes!

Hay otros dos trucos de magia que se puede practicar sobre el mundo igualmente impresionantes que debo mencionar

aquí, más brevemente, pues son bastante conocidos (tan conocidos como infravalorados).

Al primero lo llamamos «destruir y volver a crear el mundo». O, si prefieres rebajarlo de categoría, «la estrategia del
avestruz». Consiste simplemente en meter la cabeza bajo las
ropas de la cama, con lo que, de repente, hemos abolido hasta la
última mota de polvo del universo. Y después, tras un intervalo
adecuado dedicado a regocijarnos en nuestro increíble poder
destructivo, ¡volver a crear todo a partir de la nada, con todo
dispuesto en su lugar, con su anterior esplendor y su misma
esencia!

Al segundo lo denominamos «girar el mundo». Cuando empiezo a dar vueltas en el sitio, ¡vaya, en realidad no lo hago en
absoluto! Lo que hago es poner a girar todo lo demás, y cuanto
más cerca esté algo, más rápido va. Toda la escena gira como
loca, pero ¿en torno a qué? Pues en torno a su verdadero Centro, por supuesto.

Agrega esta habilidad a «colorear el mundo», «poseer el
mundo» y «destruir y volver a crear el mundo» ¡y en verdad
tendrás algo grande en tus manos!, un impresionante reperto-
rio de magia que supera con creces todas las destrezas de los
adultos, lo que resulta bastante alentador para un niño al que
los adultos siempre le recuerdan que no es un adulto.

La mayoría crecemos y no tardamos en abandonar este tipo
de cosas. En cambio, yo he crecido y me he metido de lleno en
ellas. Esa aventura consistente en contraer el mundo en mi
dormitorio solitario, o esa otra en la que pintaba el mundo en
aquella playa barrida por fuertes corrientes de aire, fueron los
primeros pasos a lo largo del camino que habría de recorrer, un
poderoso arranque para todo el posterior devenir y el propósito
de mi vida. Lejos de echar por tierra esos poderes de la infancia
(al modo de la señorita Chipperfield) me he tomado la molestia
de tomármelos muy en serio.

¿Por qué? Pues por muchas y muy buenas razones. Porque
se basaban entonces y se basan ahora en lo que veo en lugar de

SER Y NO SER, ESA ES LA RESPUESTA

en lo que me dicen que veo. Porque cualquiera puede verificarlos en cualquier lugar y en cualquier momento. Porque encajan perfectamente bien con esa filosofía perenne que, en mi opinión, le da sentido, tanto a nivel intelectual como a nivel puramente práctico, a una existencia que, de lo contrario, sería caótica y un puro sinsentido. Porque no puedo creer que me hayan sido otorgados por un Todopoderoso tramposo y empeñado en engañarme. Y (añado, por si lo anterior no fuese bastante) porque son sumamente intrigantes y divertidos, porque siempre dan lugar a otros trucos de magia adicionales y porque, como tales, han sido más que suficiente para mantenerme ocupado todos estos años.

Wordsworth tenía razón. Vamos arrastrando jirones de nubes de la gloria de Dios, que es nuestro verdadero Hogar. Pero en un sentido más profundo, jamás abandonamos nuestro Hogar. Y esa gloria tampoco se marchita ni se atenúa con la edad (queda fuera de toda duda que desaparezca para siempre). Sigue siendo perfectamente posible que refulja con todo su esplendor en unos sucios pedazos de cristal arrojados por mares bravíos en los cúmulos de desechos de la playa. Aún puede hacernos disfrutar (y así lo hace) en el hecho de saltar hacia delante y hacia atrás viejos y perezosos arabescos estampados en brillantes persianas enrollables. La gloria puede y debe inundar nuestra vida por completo. Las sombras de la prisión no tienen por qué cernirse para siempre en torno a esos niños que ahora se están convirtiendo en adultos ni, para el caso, en torno a los niños que ya son mayores. Cualquier persona de cualquier edad que realmente quiera hacerlo puede ver claramente el camino que ha de tomar para salir de la cárcel y sumergirse en las dichosas e inagotables sorpresas de la libertad.

El autor de este libro es un niño nonagenario que sufrió algunos ataques muy graves de «adultez», pero que, en gran medida, ya se ha recuperado. Sé pues, testigo, de que cuando este hombre se encuentra redecorando el paisaje de la tierra y del cielo, creando y destruyendo el mundo o haciendo que todo se ponga a girar, se queda tan pasmado y boquiabierto como cuando hacía esas mismas cosas a la edad de seis años. Y da fe también de que ahora está más decidido y determinado que nunca a que todos los y las Chipperfields del mundo, ayudados e instigados por ese pequeño adulto del espejo, no le impidan hacerlo.

«En verdad os digo que aquel que no reciba el reino de Dios como un niño no entrará en él».

10

Visioterapia

Los nueve grados de seres están todos en tu cuerpo físico.
El ser iluminado libera a los seres que viven en su interior
incluso antes de que tomen forma en él.

HUI HAI, MAESTRO ZEN

UI HAI, CONOCIDO CARIÑOSAMENTE como «la Gran
Perla», fue un famoso maestro zen de la dinastía
T'ang. Pero a pesar de que vivió hace más de mil años
y de ser tan chino como es posible serlo, plantea dudas que a
nosotros, los occidentales modernos (¡deberíamos avergon-
zarnos!) casi nunca se nos ha ocurrido plantear. Cuestiones de
gran importancia preventiva, incluso de vida o muerte, podríamos decir. Lo que es más, creo que, como veremos, también señala con precisión las respuestas.

Así pues, siguiendo el ejemplo de Hui Hai, en este capítulo
abordaremos interrogantes como estos: ¿Hasta qué punto es
terapéutica la autorrealización? ¿El descubrimiento de nuestra
verdadera naturaleza es beneficioso a nivel físico en la misma
medida que lo es a nivel mental y espiritual o, por el contrario,
no supone ninguna diferencia demasiado apreciable a ese nivel?
¿Comparten de algún modo los «seres vivos interiores» (por
ejemplo, las células, como diríamos nosotros) nuestra autorrealización? ¿Hay algo que podamos hacer para contribuir a que
así sea? Y, en ese caso, ¿qué? En su estado liberado o iluminado
(sea lo que fuere que eso signifique), ¿es más probable que
funcionen correctamente y que nos causen menos problemas?
¿Es menos probable, por ejemplo, que se dividan en facciones

enfrentadas y se multipliquen «egoístamente» por aquí y por allá a costa del organismo como un todo, como ocurre en el cáncer?

Por supuesto que intentaremos llegar a conclusiones definitivas que podamos poner en práctica de inmediato. Y ahí donde fallemos, tal vez logremos sugerir algunas prometedoras líneas de investigación a los expertos (es decir, a aquellos veedores que además son médicos o terapeutas de algún tipo). ¿Tiene cabida (les preguntaremos) lo que yo denomino *visioterapia* en su práctica profesional, en la medicina en general, en el campo de la prevención? ¿Debería el profesional de la salud autorrealizado prescribir, y tal vez en casos adecuados administrar él mismo, un curso de ejercicios para abrir el Tercer Ojo? ¿Merece la decapitación o la cefalotomía (es decir, amputar esa carnosidad que crece sobre los hombros de la Primera Persona) ser incluida en las artes curativas? Después de todo, si estamos de acuerdo en que tales remedios sanan la mente y el espíritu, no debería sorprendernos si el cuerpo les siguiera en formas que aún no se han descubierto. Tal vez no solo adquiriendo un tono o un resplandor temporal y superficial, o liberando energías imprevistas con las que afrontar crisis igualmente impredecibles, sino también aprovechando o haciendo uso de un Recurso mucho más profundo, más secreto, más continuo e ininterrumpido, al que cada uno de los niveles de nuestro ser tendría acceso.

Llegados a este punto vale la pena señalar cómo describe Hui Hai, en la típica manera hiperbólica del mahayana, las consecuencias físicas de «liberar a los seres interiores». Según él, entre las treinta y dos marcas corporales (¡corporales!) de la budeidad que presentan los veedores se incluyen «una tez dorada y un resplandor que penetra en el universo». Y todo el tiempo, apuntalando este esplendor, está el Vacío en el que el veedor está enraizado conscientemente, la Vacuidad que lleva a cabo «innumerables funciones que responden indefectiblemente a las circunstancias». Me viene a la mente el rostro resplandeciente de Moisés cuando bajó de la montaña, el de Jesús después de la transfiguración en aquella otra montaña, o el de esos santos cuya luz interior irradiaba de modo que todos podían percibirla. Dejando a un lado todas las concesiones a la retórica piadosa y la exageración hagiográfica que han surgido a lo largo de los siglos, siguen quedando muchas evidencias que indican que el bienestar espiritual y el físico suelen ir a menudo de la mano. Así pues, como mínimo podemos tomar estas historias tradicionales como una confirmación pintoresca de que estamos ante un campo de conocimiento cuya exploración es urgente.

Para empezar, fijémonos en hasta dónde podemos llegar basándonos en lo que está más allá de toda duda razonable. Me estoy refiriendo al hecho de que nuestro Vacío central (podemos llamarlo como más nos guste: Vacuidad, Claridad, Espíritu, Capacidad despierta, Nada consciente o simplemente «Lo que está viendo esta hoja impresa en este momento») está completamente desprovisto de todo tipo y de todo rastro de posesión, totalmente limpio de cualquier etiqueta personal o marca distintiva, no hay en él ni la más mínima indicación de nivel o estatus. Pertenece a todos los niveles jerárquicos y se siente igualmente a gusto en todos ellos. Es palmario y manifiesto que Aquello que se ve a sí mismo como Claridad aquí no es ni mi Claridad, ni tu Claridad, ni su Claridad, sino *la* Claridad, siempre indivisible y universal. Como se indica en nuestro croquis de la Primera Persona del Singular, es el No-ser Central

que yace en el Núcleo mismo de los innumerables seres a los que siempre está dando lugar.

En otras palabras, cuando ves la Realidad de nuestro Centro, Aquello de lo que emanan todas esas innumerables apariencias regionales, lo haces únicamente como la Realidad misma, como la Realidad que todo lo abraza y todo lo acoge en su seno. Lo haces *como* yo y *para* mí, e igualmente *como* todos los demás y *para* todos los demás. De hecho, tu iluminación es exactamente la misma que la del Buda que, según cuenta una antigua tradición, implicó necesariamente la iluminación de todos los seres sensibles de todo nivel y toda época. Se trata de una tradición que está muy adelantada a nuestro tiempo y que nos hace una oportuna advertencia. Aunque está absolutamente claro que «mi» iluminación no es mía (ningún ser verdaderamente iluminado se ve a sí mismo rodeado de seres «oscurecidos»), mi «ego» sí sostiene que me pertenece. Por lo tanto, cuando nos aventuramos en el campo de la iluminación hemos de avanzar con pasos cautelosos. Jamás he de olvidar que aquí estoy cruzando un campo de minas (o, más bien, un campo de «míes»), y es esencial que extreme la vigilancia si no quiero que el ego me haga volar por los elevados aires del engreimiento.

La Claridad que encuentro aquí, la Claridad que soy en el Centro, compone el relato interno y el aspecto esencial de mis «seres interiores» de cualquier nivel. Por ejemplo, no es menos celular que humana, y es necesario que me tome este hecho muy en serio, que sea completamente franco al respecto. No es suficiente con que mire hacia abajo ocasionalmente desde las alturas y reconozca con despreocupación mi deuda con el Centro y la unidad de dicho Centro con todos estos humildes servidores. Esta vida comenzó hace unos noventa y tres años como uno de ellos (como un óvulo casi invisible) y sigo siendo esa célula original, solo que ahora, por así decirlo, «en familia». Ignorar o negar estas humildes verdades sobre nuestro origen (¿y quién de nosotros no hace exactamente eso?) es arriesgado. Es como si nuestras células odiasen sentir que las descuidamos o las menospreciamos y nos hiciesen sentir su enojo. Lo que

sucede a nivel social cuando los gobernantes pierden la co-
nexión con aquellos a quien gobiernan debería alertarnos sobre
las consecuencias que puede tener una insensibilidad similar a
nivel humano-celular. Las Guerras serviles de la Antigua Roma,
la Rebelión campesina de la Inglaterra medieval, la Jacquerie y
la Revolución francesa, con todos sus horrores, ocurrieron
porque las clases altas eran demasiado clasistas, estaban demasiado entronadas como para ponerse en la piel de las clases
bajas, compadecerse de ellos y actuar en consecuencia. No es de
extrañar que la gente común se rebelase. Por la misma razón,
¿debería sorprenderme si mi población celular (despreciada
como inconmensurablemente inferior por ese jefe déspota y
advenedizo que comenzó su vida como una de ellas, cuando no
directamente ignorada sin más) se rebela? Y al contrario: ¿debería extrañarme si, cuando en el Centro me convierto de
forma consciente en uno con todas y cada una de ellas, tanto
ellas como yo disfrutamos juntos de una mejor salud y de mucha más vitalidad?

Muy bien podrías plantear un par de objeciones a este punto. La primera es la siguiente. Ramana Maharshi, a quien consideramos un gran sabio y veedor, murió de cáncer, al igual que
Nisargadatta y otros maestros espirituales altamente dotados.
Entonces, ¿estoy dando a entender que su iluminación fue, de
alguna manera deficiente, que no fue lo suficientemente profunda? A eso respondo que si bien Ramana fue en verdad un
alma profundamente autorrealizada, también es cierto que era
un asceta indio que en su juventud eligió vivir en una oscura y
ruidosa cripta situada bajo un templo. Arthur Osborne, su
biógrafo, escribe: «Rara vez entraba un ser humano ahí. Solo las
hormigas, las alimañas y los mosquitos medraban en ese lugar.
Le carcomieron hasta que sus muslos quedaron cubiertos de
llagas llenas de pus y sangre. Las marcas de estas heridas perdu-
raron hasta el final de su vida». Y no es que simplemente man-
tuviese una actitud de indiferencia hacia su cuerpo y su salud,
pues él mismo llegó a describir el cuerpo como «una enferme-

dad». Así que, sabio o no sabio, sus seres internos se cobraron su venganza.

La segunda objeción no es tanto un «No» como un «Sí, pero...». Es la siguiente. Si damos por válido que compartir de forma consciente nuestra iluminación con las células puede ser beneficioso tanto para ellas como para nosotros mismos y que, en consecuencia, es posible que contribuya a reducir las probabilidades de que aparezca un cáncer, en todo caso este sigue siendo tan solo uno de los muchos factores que influyen en dicha enfermedad y, para el caso, tal vez se trate de uno de los menos importantes. Por el momento, los inmensos esfuerzos de investigación que se están realizando para analizar los tipos, las causas y los posibles tratamientos del cáncer no han conseguido proporcionarnos respuestas definitivas, simples y claras. La carga hereditaria, fumar, la comida basura, la contaminación, el estrés y, en general, los estilos de vida artificiales son algunos de los factores etiológicos que se están investigando, y podríamos añadir a la lista una actitud negativa u hostil hacia nuestros seres interiores de cualquier nivel o, directamente, de todos los niveles. Pero formular pretensiones exageradas o demasiado confiadas respecto de la efectividad de la visioterapia no sirve de nada en la lucha contra esta y otras enfermedades.

Hasta aquí nuestra segunda objeción.

Todo esto lo admito y, de hecho, insisto en ello, al menos hasta donde llegan sus conclusiones... Y lo cierto es que no llegan suficientemente lejos. Hay otro aspecto muy diferente de mi encarnación. En realidad poseo dos cuerpos. Como segunda o tercera persona tengo un cuerpo pequeño, mortal y propenso a contraer enfermedades, mientras que como primera persona (o más bien como *la* Primera Persona del Singular) tengo un Cuerpo de Resurrección que, en todos los aspectos importantes, es justo lo contrario del cuerpo que mi médico cuida y que yo me encuentro en el espejo. Pero en lugar de ponerme a catalogar laboriosamente las diferencias que existen entre estos dos cuerpos, permíteme resumirlas en una imagen:

Las cuestiones que me planteo son estas: Cuando veo claramente, cuando asumo como propio y me acostumbro a mi
Cuerpo de Resurrección, cuando disfruto y vivo a la luz de
Aquello que realmente soy región por región (tan distinto de
mi apariencia, de lo que parezco ser), ¿qué efectos regionales
tiene esto? Cuando viajo de forma consciente desde mi región
humana (situada a más o menos un metro de distancia) a través
de mi región celular y, después, de mis regiones moleculares,
atómicas y subatómicas, hasta llegar a este Centro absolutamente desierto, ¿se renuevan, se regeneran o se ven afectados
de algún modo los habitantes de esas regiones dispuestas jerár-
quicamente? Hasta ahora he visto que en todos los aspectos
importantes mi pseudovida en ese cuerpo de mi segunda o
tercera persona contrasta intensamente con mi vida real en este
Cuerpo de Primera Persona. Así pues, creo que sería extraño

que este acusado contraste cesara o no fuese de aplicación cuando se trata de la salud o la falta de ella. De hecho, sería de lo más extraño que «mi» iluminación (que, como hemos visto, en realidad abarca e incluye todos los niveles) se manifestase y tuviese plenos efectos solo a nivel humano. Seguramente depende de mí potenciar y no obstruir la plena aplicación de dichos efectos en todos los niveles.

Si la visioterapia no se aplica en profundidad, no es terapia en absoluto. ¿Cómo funciona? Por poner un ejemplo concreto, ¿cómo es su tratamiento profundo del cáncer en comparación con la quimioterapia y la radioterapia?

La quimioterapia y la radioterapia tienen como objetivo eliminar la mayor cantidad posible de células enfermas y la menor de células sanas. La visioterapia funciona de forma similar pero es mucho más drástica, pues no falla a la hora de matarlas a todas y empezar de nuevo desde cero. En términos cristianos, es la muerte y la resurrección, el precio que hay que pagar para entrar en el reino de los Cielos. De hecho, como se indica en el mapa que hemos esbozado, adopta la forma de un viaje real a través del espacio (igualmente real) hasta la Nada que constituye el Núcleo común de todas las cosas, hasta la No-cosa que está absolutamente libre de enfermedades y que, con la ayuda de este dedo índice que apunta, descubro aquí mismo sumamente ocupada en explotar como Todo (como Todas las cosas). En otras palabras, hasta este Cuerpo de Resurrección mío que tan solo tiene un ojo, cuyos brazos están completamente abiertos de par en par y que abarca e incluye todos los niveles.

Solo este es mi verdadero Cuerpo, mi constitución cósmica estrictamente indivisible, de la cual mi cuerpo humano no es sino un fragmento diminuto y temporal. Sin mis semejantes humanos no soy humano, y sin mis semejantes celulares sencillamente no estaría vivo. De nuevo me pregunto qué soy yo sin mis ingredientes moleculares, atómicos y subatómicos, o sin mi Tierra, mi sol y mi galaxia. La verdad es que todo mi ser no es ni más ni menos que Todo, la Totalidad, la jerarquía cósmica completa que abarca desde el Uno omniinclusivo hasta el Nadie

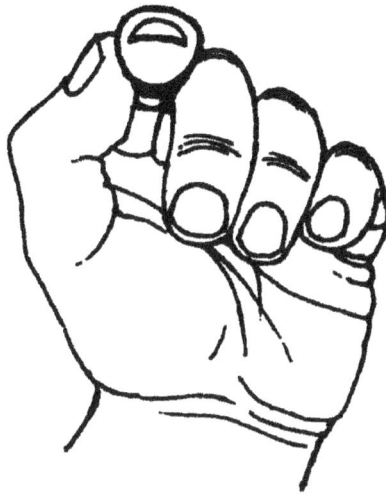

omniexclusivo. Como Primera Persona, como la Completitud misma, no estoy en el mundo, sino que el mundo está en mí y todos los seres están en mi interior. La pura verdad es que, así como mi Cuerpo es indivisible, también su salud es indivisible. Y la visioterapia trata de eso, de practicar el salto que nos lleva de nuestro pseudocuerpo (pasando por nuestro no-cuerpo) hasta nuestro Cuerpo verdadero y total, el cual siempre se encuentra en buena forma.

Hasta ahí mi somera exposición de principiante sobre lo que es la visioterapia. Le paso la palabra a los profesionales, a vosotros, médicos y terapeutas que, además, también sois veedores de vuestra verdadera Identidad. Tenéis por delante un arduo y prolongado programa de investigación que promete ser tan fascinante como necesario.

En conclusión, y volviendo a Hui Hai, creo que muy bien se merece el apelativo de «la Gran Perla», aunque solo sea por haber enseñado que el hombre liberado libera a sus seres interiores incluso antes de que estos tomen forma en él. Y a buen seguro también está en lo cierto cuando nos dice que los nueve grados del ser están todos ellos contenidos en el cuerpo físico. Un milenio adelantado a su tiempo ¡y hasta dio en el clavo con la cifra correcta!, pues contando desde las galaxias hasta las partículas subatómicas ¡a mí también me salen nueve niveles!

¡Alabado sea el maestro!

11

No soy yo quien vive

Estoy crucificado con Cristo,
pero no soy yo quien vive,
sino Cristo quien vive en mí.

SAN PABLO

DISPERSOS A LO LARGO DE los últimos dos milenios han existido cristianos (me siento tentado de llamarlos *verdaderos cristianos*) para quienes estas palabras de san Pablo eran literalmente ciertas y en modo alguno figurativas o metafóricas; hombres y mujeres que se tomaron muy en serio esta tremenda pero desconcertante afirmación suya, que la aplicaron a sí mismos personalmente y practicaron lo que equivale a un cambio de identidad fundamental: el paso de una identidad meramente humana a otra que, en esencia, es divina; almas talentosas y confiadas que, junto con Pablo, no hubiesen dudado en afirmar: «Mas Dios, que me separó del vientre de mi madre, tuvo a bien revelar a su Hijo en mí»; seres afortunados y bendecidos con una gran fe que se lanzaron a confirmar en la vida cotidiana la realidad de lo que habían asumido como verdad.

Yo soy hombre de poca fe, un escéptico con ganas de decirle a Pablo lo siguiente. Aunque anhelo descubrir que ese Cristo, ese Dios-Hombre, está en mí como mi propia vida, que Él es mucho más *yo* que ese tipo que tan poco se parece a Cristo y que aparece retratado en mi pasaporte y en el espejo, es algo que sencillamente no puedo creer. La idea es demasiado estrambótica y demasiado halagadora para tomármela en serio, pues equivale a afirmar que yo, que tengo razones más que suficientes para considerarme a mí mismo como un fragmento momentáneo e infinitesimal del mundo que dista mucho de ser digno de elogio, en realidad estoy preñado de su Origen infinito e inefable (o incluso, en cierto sentido, que soy idéntico a Él). Creerme esa historia tan solo porque me han dicho que la crea o porque me gustaría creerla me parece lamentable y ridículo, y ciertamente actuar de ese modo no sería ningún cumplido para ese Origen.

Así pues, le digo a Pablo: «Muéstramelo. Que me hables sobre ello no sirve de nada. Creeré que Cristo es mi vida cuando vea y sienta que Él vive mi vida, cuando sea tan flagrantemente obvio justo aquí que no pueda seguir dudando de su presencia ni de mi absoluta identidad con Él».

Pero estoy yendo demasiado rápido. Primero he de tener claro qué significa Cristo para mí, qué quiero decir con ese título tan exaltado, de tan largo alcance y, no obstante, tan ambiguo. Permíteme entonces que enumere los que considero son sus atributos esenciales, las características que yo mismo tendría que asumir para (¡maravilla de todas las maravillas imposibles!) dejar de ser Douglas Edison Harding, convertirme en Él y vivir su vida, al estilo de Pablo o como sea.

Bueno, aquí está mi lista. Supongo que no coincidirá exactamente con la que un cura, un teólogo o tú mismo elaboraríais, pero servirá para nuestros propósitos.

(1) Abnegación

La naturaleza misma de Cristo es el amor desinteresado, el amor que se entrega a sí mismo por el mero hecho de entregarse y sin esperar nada a cambio, hasta el punto de morir para que tú y yo podamos vivir.

(2) Crucifixión

Una de las cosas que hace que su muerte sea tan especial es la manera en la que tuvo lugar. Él es «el Crucificado».

(3) Un cuerpo nuevo

Sin embargo, una vez resurgido de entre los muertos adopta un cuerpo de resurrección drásticamente remodelado, tanto que a los que nos encontramos en este lado de la muerte nos resulta difícil de imaginar.

(4) Omnipresencia

Pero ciertamente no está encarcelado o ubicado exclusivamente en su cuerpo de resurrección, sino que se encuentra en todas partes, es inmenso y siempre está presente.

(5) Inmortalidad

Puesto que todo espacio está siempre en Él, es el Eterno.

(6) Centralidad

No solo permea el espacio y el tiempo, sino que todo procede de Él y regresa a Él, a Aquel que yace en su Centro único.

(7) Inclusividad

Él abraza y acoge en su seno a todas las cosas y todos los seres. Sin importar lo remotos, defectuosos, destrozados o pecaminosos que sean, los acoge y los sostiene por igual en su inmenso corazón.

(8) Pureza

Y, no obstante, permanece siempre inmaculado, sereno, sin mancha, perfecto en todos los sentidos.

(9) Quietud

Su perfección incluye la tranquilidad, la paz y el descanso perfectos, y todo se mueve gracias a su inmovilidad.

(10) Omnipotencia

De hecho, es todopoderoso, en la medida en que, en última instancia, siempre se cumple su voluntad.

(11) Omnisciencia

Y como Aquel que todo lo sabe, su percepción de lo que todos los seres somos en realidad es perfecta. Los conoce mucho mejor de lo que ellos mismos se conocen.

(12) Dios en el hombre y el hombre en Dios

Y, sin embargo, a pesar de esta plétora de atributos trascendentes, Él es Hombre además de Dios, no es menos humano que divino.

Hasta aquí mi primera lista, que describe cómo no soy pero tendría que ser si Cristo viviera en mí y fuese mi vida. Por decirlo de otro modo, aquí tenemos no menos de doce poderosas razones por las que no soy Él, justo una docena de aspectos en los que, como es obvio, estoy inconmensurable-mente lejos de su divina perfección. ¡Todas estas razones (y seguro que hay más en la recámara), y eso que con tan solo una de ellas habría sido suficiente para excluirme a perpetuidad de ser Cristo!

Qué acertado he estado al negarme rotundamente a creer al apóstol y exigir que se me muestre que Cristo es mi vida y mi propio ser (o que algún día podría llegar a convertirme en Él). Así pues, lo que me propongo hacer ahora es echarme un vistazo a mí mismo y reconsiderar lo que soy, solo por si acaso pudiese vislumbrar algún retazo de aquello a lo que se refería Pablo y, de algún modo, pudiese salvar la enorme distancia que me separa del Cristo que vivía en él. Sin perder de vista este objetivo, elaboraré una segunda lista.

Esta vez no se trata de enumerar los atributos de Cristo tal como yo concibo que es ahí fuera, sino de mis propios atributos tal y como yo mismo los percibo justo aquí. Y cuando digo «yo mismo» no me refiero al tipo que veo ahí fuera en el espejo, sino a ese otro ser, muy diferente del primero, que veo a este lado del cristal, al que mira, al que lleva a cabo el acto de ver. He combinado ambas listas con el propósito de poder compararlas fácilmente,; los atributos de Cristo aparecen en cursiva, los míos en letra normal. Esta yuxtaposición debería ayudarnos al menos a poner de relieve el enorme contraste que existe entre Él y yo.

Creo que el mapa aproximado de la página siguiente puede resultarte tan útil a ti como lo es para mí. No te estoy pidiendo que creas nada, faltaría más, sino que descubras por ti mismo en cada paso si lo que ves que eres se parece más o menos a lo que yo veo que soy.

(1) Abnegación

La naturaleza misma de Cristo es el amor desinteresado, el amor que se entrega a sí mismo por el mero hecho de entregarse y sin esperar nada a cambio, hasta el punto de morir para que tú y yo podamos vivir.

Aquí mismo, en el punto medio del mapa, me percibo a mí mismo como Espacio Vacío, como Capacidad, como Amplitud para lo que sea que se presente. Si, por ejemplo, eres tú quien

aparece aquí, no tengo nada con lo que mantenerte alejado, me desvanezco en tu favor. Si quedase algo, aunque fuese la más diminuta partícula de mí, sería suficiente para expulsarte por completo. Pero no queda nada. No veo absolutamente nada a este lado de ti. El precio que he de pagar para que tú puedas aparecer aquí, en toda tu maravillosa riqueza y manifestación, es mi pobreza, mi no-manifestación, mi desaparición. La verdad es que entrego mi vida y mi ser mismo por ti, no porque me niegue a mí mismo o porque sea un santo (¡estoy muy lejos de serlo!), sino porque no tengo otra opción.

(2) Crucifixión

Una de las cosas que hace que su muerte sea tan especial es la manera en la que tuvo lugar. Él es «el Crucificado».

Si miro hacia el frente, levanto los brazos a la altura de los hombros y los voy abriendo gradualmente hasta que casi se hayan desvanecido, compruebo, para mi sorpresa, que estos enormes brazos míos (en total contraste con los de otras personas) abarcan por completo el ancho mundo, la totalidad de lo que sea que se muestre. Mi mano izquierda está más lejos de mi mano derecha que el amanecer del ocaso, que el este del oeste. Y no es solo que este gesto omiinclusivo sea cruciforme, sino que además participo del sufrimiento que acompaña a dicha crucifixión.

(3) Un cuerpo nuevo

Sin embargo, una vez resurgido de entre los muertos adopta un cuerpo de resurrección drásticamente remodelado, tanto que a los que nos encontramos en este lado de la muerte nos resulta difícil de imaginar.

Si miro aquí para ver la forma real de mi cuerpo, su forma tal como se presenta, compruebo que es distinta a la de todos los cuerpos que me rodean (incluido el del espejo) al menos en cuatro aspectos sorprendentes. (a) Los demás llevan una cabeza de una pieza encima de los hombros, mientras que sobre los míos lo único que hay es un espacio que aloja todas esas otras cabezas con las que me encuentro. La realidad es que estoy decapitado (y no hay muerte más segura y sumaria que la decapitación) y ya estoy viviendo una vida de resurrección multicefálica. (b) Como a modo de compensación por ser algo más bajito que mis camaradas, soy infinitamente más amplio, inmenso, como ya hemos visto. (c) También soy el opuesto exacto de los demás, pues estoy al revés que ellos y miro en dirección opuesta. Y (d) estoy equipado con un Ojo Único que es incluso más ancho que el mundo que está absorbiendo, mientras que ellos tan solo lucen un par de diminutas mirillas en una pequeña caja de huesos. Y, por supuesto, hay muchos otros ejemplos de la enorme diferencia que existe entre ellos y yo. Por ejemplo, el hecho de que mis manos sean por lo general muchísimo más grandes que mis pies. Pero creo que con lo que he dicho es suficiente para demostrar cuán grande es el contraste que hay entre este cuerpo *postmortem* y esos otros cuerpos *premortem*.

(4) Omnipresencia

Pero ciertamente no está encarcelado o ubicado exclusivamente en su cuerpo de resurrección, sino que se encuentra en todas partes, es inmenso y siempre está presente.

Justo aquí se halla Aquello que sostiene estos dos enormes brazos míos, que es también Aquello desde lo que miro. Si ahora apunto con el dedo hacia este Lo-que-sea que está completamente despierto, no encuentro nada en absoluto, solo esta Nada, esta No-cosa, un Vacío que ha explotado hasta el infinito. El centro del círculo cósmico ha devorado todos sus radios. Por lo tanto, no percibo distancia alguna entre mí mismo y el objeto que observo. Y si sostengo una regla entre mi ojo y tu ojo, situando en ellos cada uno de sus extremos, compruebo que la distancia que nos separa se reduce a cero. Por la misma razón, la galaxia, la estrella o el planeta más «lejano» está más cerca que cerca, y todo lo que veo lo veo aquí. En una palabra, soy omnipresente.

(5) Inmortalidad

Puesto que todo espacio está siempre en Él, es el Eterno.

Como la Nada consciente que contiene todas estas cosas cambiantes y perecederas, soy inmutable, atemporal, no tengo ni principio ni fin. Y si tuviera alguna duda al respecto tan solo he de consultar mi reloj de pulsera. Normalmente me dice la hora que es ahí fuera, pero cuando me lo acerco a un ojo me dice la no-hora (el no-tiempo) que es justo aquí. Y, sufriendo el mismo destino que le aguarda a todas las cosas, el reloj mismo perece por el camino.

(6) Centralidad

No solo permea el espacio y el tiempo, sino que todo procede de Él y regresa a Él, a Aquel que yace en su Centro único.

Cojo la regla una vez más y con ella prolongo hacia abajo las líneas verticales que me rodean, como, por ejemplo, las esquinas de la habitación o las jambas de las puertas, ¡y descubro que todas irradian de mí y convergen en mí! Para ser preciso, en la región de mi corazón. De niño me enseñaron que las líneas

paralelas se encuentran en el infinito, y ahora veo que yo mismo soy ese Infinito. Lo que es más, se trata de un Infinito consciente de sí mismo. Aquí y en ninguna otra parte encuentro la

Conciencia que trae todo a la existencia, que a todo le confiere vida y significado. Y si me parece encontrarla en otra parte es únicamente porque la llevo conmigo.

(7) Inclusividad

Él abraza y acoge en su seno a todas las cosas y todos los seres. Sin importar lo remotos, defectuosos, destrozados o pecaminosos que sean, los acoge y los sostiene por igual en su inmenso corazón.

Esta Vacuidad inmensa y autoconsciente que descubro aquí no está simplemente vacía, sino que está vacía para ser llenada. En última instancia, nadie ni nada queda fuera de ella. De hecho, no estoy bien, no estoy del todo cuerdo, no estoy completo, no estoy «del todo ahí» hasta que no soy Todo. Ni tampoco, por decirlo de otro modo, el universo está completo mientras siga dividiéndolo en un observador aquí y un objeto observado ahí, en una parte que soy «yo» y otra que es «no-yo». Para disfrutar el universo como tal como un uni-verso, y dejar de sufrirlo y padecerlo como un duo-verso, no he de ser ninguna parte de él en el Centro y, al mismo tiempo, he de ser todo él en la periferia. Son las dos caras de una misma moneda.

(8) Pureza

Y, no obstante, permanece siempre inmaculado, sereno, sin mancha, perfecto en todos los sentidos.

Si levanto la vista de lo que estoy escribiendo y señalo en dos direcciones a la vez, con el dedo índice de la mano derecha apuntando hacia Aquello que mira y el índice de la mano izquierda apuntando hacia lo que sea que esté mirando (ahora mismo, un sofá, unas cuantas sillas y una ventana), me percato de tres cosas. Primero, del contraste absoluto que hay entre el Vacío de aquí y aquello que lo está llenando ahí. Segundo, lo total y absoluta que, sin embargo, es su unidad. Y tercero, que los contenidos que alberga esta Vacuidad no la manchan, tiñen ni ensucian en absoluto. Y es que cuando me vuelvo para ver otra parte de la habitación no me llevo conmigo nada de la anterior (el sofá, las sillas o la ventana). El Vacío que soy permanece limpio, totalmente vacío para cada nueva escena que se presente, siempre virginal, siempre inmaculado.

(9) Quietud

Su perfección incluye la tranquilidad, la paz y el descanso perfectos, y todo se mueve gracias a su inmovilidad.

Si bien puedo encontrar excusas para pasar por alto el hecho obvio de que *postmortem* soy inmaculado, me resulta imposible encontrar ninguna para pasar por alto el hecho, aún más obvio, de que permanezco completamente inmóvil. En el tren, al volante cuando voy conduciendo o simplemente dando un paseo, solo tengo que ver lo que real y verdaderamente veo en lugar de lo que me han dicho que vea. Recuperando el sano juicio, dejo de negar que todo, desde las colinas más lejanas hasta los postes de telégrafos del borde de la carretera, está en movimiento en mí, que soy la Quietud que todo lo envuelve, el Motor Inmóvil del mundo.

(10) Omnipotencia

De hecho, es todopoderoso, en la medida en que, en última instancia, siempre se cumple su voluntad.

En mí encuentro dos voluntades, una que pertenece a la vida *premortem* del individuo del espejo y otra que pertenece a la vida *postmortem* de Aquel que se encuentra a este lado del mismo. La primera se apresura a decirle «¡NO!» a una buena mitad de las cosas que me ocurren, mientras que la segunda, en última instancia, siempre le dice «¡SÍ! ¡QUE ASÍ SEA!» a todo. Y lo hace por un buen motivo: que justo aquí veo que toda mi resistencia se disuelve y estallo en una apertura total para recibir lo que sea que me aguarde. Decirle «¡Sí!» a todo a menudo es insoportablemente difícil, claro está, pero resulta ser la receta para la única paz que vale la pena tener. Y así, finalmente, la paradoja mantiene su validez: es precisamente porque no tengo voluntad que mi voluntad ya está cumplida. Aquí mismo, la impotencia total y la omnipotencia total vienen a ser lo mismo.

(11) Omnisciencia

Y como Aquel que todo lo sabe, su percepción de lo que todos los seres somos en realidad es perfecta.

Al ver claramente «mi» verdadera Naturaleza eterna e ilimitada aquí mismo, en el Centro, también veo claramente la «tuya» independientemente de quién, qué o cuándo seas, porque justo aquí tú y yo somos una y la misma cosa (o, mejor dicho, la misma No-cosa). En comparación, ese otro tipo de omnisciencia que incluye monitorear el comportamiento de todas y cada una de las partículas del universo no es más que un sueño ocioso y una horrible pesadilla.

(12) Dios en el hombre y el hombre en Dios

Y, sin embargo, a pesar de esta plétora de atributos trascendentes, Él es Hombre además de Dios, no es menos humano que divino.

¿Qué estatus tiene aquel cuyo retrato acabo de esbozar (es decir, mi estatus)? Hay mucho en él que es humano (por ejemplo, la forma de estos brazos, sus dolores, achaques y padecimientos o el reemplazo constante de todas sus partes), pero también mucho claramente sobrehumano (por ejemplo, sus dimensiones o toda su omniinclusividad). En conjunto, lo que está aquí presente es una impresionante pero maravillosamente útil apoteosis. ¿Acaso existe algún otro tipo que sea tan fácilmente verificable y tenga tanto sentido? Aquí, totalmente a la vista para que pueda someterla a la más exhaustiva inspección, se halla la verdadera y siempre disponible respuesta a todos esos tomos y tomos de controversia enrevesada (a menudo amarga y, en ocasiones, letal) sobre el Hombre que es Dios y el Dios que es Hombre y sobre cómo estas dos naturalezas pueden fusionarse pero, al mismo tiempo, permanecen diferenciadas. Pero lo que es mucho más importante es que aquí se halla la fórmula para vivir por siempre jamás la vida de resurrección, una vida que por fin es verdaderamente humana precisamente por ser verdaderamente divina, y viceversa. Una vida centrada.

Bueno, ahí tenemos los doce atributos de Cristo tal como yo los concibo comparados con mis propios atributos correspondientes, también según mi parecer; mis atributos centrales y *postmortem* (me apresuro a recordarte) en claro contraste con los atributos *premortem* del sujeto llamado Douglas Harding, que no es central sino periférico (más o menos a un metro) y es harina de otro costal.

No sé tú, pero yo no puedo salir de mi asombro al comprobar lo extraordinariamente bien que encajan unos con otros.

Espero que este mapa te haya resultado útil. Para mí ciertamente lo ha sido y lo sigue siendo. Dibujé lo que veía y, de ese modo, profundicé en mi conocimiento y descubrí aspectos fascinantes de mí mismo. Pero luego, al ver lo que había dibujado, ¡fui arrasado y devastado por completo! Le ruego a Dios que nunca me recupere del impacto que me causó esta feliz visión. Lo único que realmente me importa, ahora que me acerco al final de esa vida *premortem* fuera del Centro, es la unión con mi Fuente atemporal, que mi identidad pase a estar en el Uno que es completamente distinto a mí y, al mismo tiempo, más yo que yo mismo. Y considero que este pequeño mapa de esta transformación contribuye enormemente a dar el salto. También pule o redondea el icono familiar del Salvador Crucificado que dio su vida por mí hace mucho tiempo y en una tierra muy lejana al unificarlo con este otro icono desconocido del Salvador Resucitado que, como indicaba Pablo, vive su vida justo aquí y justo ahora en mí.

Escuchémosle pues una vez más, pero ahora fijándonos en cómo el mapa nos ayuda a entender sus palabras: «Hay una gloria del sol, otra gloria de la luna y otra gloria de las estrellas, pues una estrella difiere de las demás estrellas en su gloria. Así es también la resurrección de entre los muertos. Se siembra en un cuerpo corruptible, pero resucita en un cuerpo incorruptible; se siembra en deshonra, pero resucita en la gloria; se siembra en debilidad, pero resucita en el poder; se siembra en un cuerpo natural, pero resucita en un cuerpo espiritual».

Finalmente, y por si fuera poco, he aquí hay algunas variaciones más sobre nuestro tema, sobre lo que George Herbert llamó su «una y única música».

Despertamos en el cuerpo de Cristo cuando Él despierta en el nuestro, y mi pobre mano es Cristo. Él entra en mi pie y es infinitamente yo. Muevo mi mano, maravillosamente, es Cristo.

SAN SIMEÓN EL NUEVO TEÓLOGO (949-1020)

Lo que importa es que el nacimiento de Cristo debería suceder en nosotros. Descubre este nacimiento en ti mismo y descubrirás todo bien, todo consuelo, toda felicidad, todo ser y toda verdad. [...] Dios resplandece dentro con su Luz y trae consigo todo aquello a lo que le diste la espalda y mil veces más, junto con una nueva forma de contenerlo todo.

MEISTER ECKHART

Él [de Suso] le preguntó a uno de los deslumbrantes príncipes del Cielo qué aspecto tenía ese lugar oculto en el alma en el que Dios establecía su morada. [...] Entonces miró y vio que el cuerpo que aparecía sobre su corazón era tan claro como el cristal. [...] Los benditos son despojados de su iniciativa personal y convertidos a otra forma, otra gloria, otro poder.

HENRY DE SUSO

Dios, el Padre celestial, creó a todos los hombres a su imagen y semejanza. Su imagen es su Hijo, su propia Sabiduría Eterna, y san Juan dice que en ella todas las cosas tienen vida.

Jan van Ruysbroek

Cristo es mi una y única cabeza, mi uno y único corazón, mi uno y único pecho y mi una y única música.

George Herbert

Soy de súbito lo que Cristo es, pues él fue lo que soy, y este botarate, chiste, trozo de teja, remiendo, cerillo quemado, es realmente un diamante inmortal.

Gerard Manley Hopkins

12

La imaginación
tiene una cola blanca

LO QUE SIGUE ES HISTORIA REAL. Un buen día, les dije a mis padres que acababa de ver a un conejo caminando por la calle Mayor de nuestra ciudad.

—¡Imaginaciones tuyas! —exclamaron por toda respuesta.

—Pero ¿la imaginación tiene una cola blanca? —pregunté con toda inocencia. Bueno, por aquel entonces yo tendría unos cuatro años.

La secuela, también otra historia verídica, sucedió ochenta y ocho años después cuando dije:

—Acabo de ver un bamboleante tentetieso caminando por la calle Mayor.

—¡Imaginaciones tuyas! —sentenciaron los demás.

—Pero ¿la imaginación camina cabeza abajo? —les pregunté—. ¿Hace que la calle Mayor pase caminando bajo sus pies? ¿Abarca el mundo entero cuando abre los brazos? ¿Lleva puesto un chaleco blanco al que le falta la parte de arriba, tal que así?

13

La Caída del hombre

L A CAÍDA DEL HOMBRE (junto con su contrapartida, la Salvación del hombre) es uno de esos dogmas religiosos sin los que podemos pasar perfectamente bien hoy en día. Cualquiera que vaya por ahí incordiando a desconocidos y exigiendo saber si se han salvado se estará buscando problemas.

Sin embargo, la Caída es un hecho. No solo se trata de un descenso psicológico, sino también de un descenso físico que tiene lugar a través del espacio físico, una caída en toda regla, de arriba a abajo. Es como si al principio de la vida cada uno de nosotros se precipitase en un pozo muy profundo y corriera grave peligro de quedarse atrapado ahí abajo por el resto de su vida.

Como es obvio, cuando alguien se cae en un pozo, ese espacio afable, benigno, incluso útil o servicial que antes se extendía inofensivo debajo de él se transforma de repente en el pernicioso y nefasto espacio que se extiende sobre él, por encima de su cabeza, y que le separa de su mundo. En sus profundidades, esta persona está herida, sola, hambrienta y condenada a morir de forma prematura... A menos que algún amigo oiga sus quejidos y lo saque de vuelta a la seguridad y la bendita luz del sol.

Lo que sucede, por supuesto, si tiene la buena fortuna de salvarse, es que recorre el mismo camino por el que cayó pero al revés, en sentido contrario (por así decirlo, deshace la caída). El mismo espacio que tan cruelmente se extendía antes sobre su cabeza en el pozo vuelve a estar bajo sus pies y se torna inocuo.

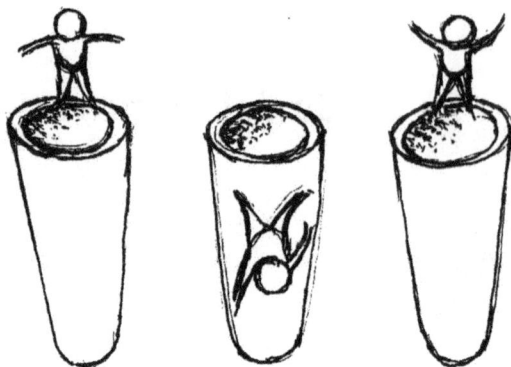

Ahora voy a volver a contar esta historia de tres partes como creo que se ha desarrollado en mi propia vida. Los detalles iniciales son especulativos, pero respondo sin ninguna duda de la imagen global que bosquejaré a continuación.

Antes de la Caída

Cuando vi las estrellas por primera vez eran pequeñas cositas a las que podía hacer cosquillas sin pincharme ni quemarme los dedos. La luna estaba tan cerca de mí como la mano en la que la sostenía, y era mucho más pequeña. Las colinas, los árboles y las casas venían a mi encuentro. Estos objetos se presentaban en todos los tamaños (algunos más pequeños que mi pulgar, otros más grandes que todo mi cuerpo), y esos tamaños cambiaban constantemente. ¡Qué grandes eran los aviones en tierra y qué pequeños cuando estaban en el cielo! ¡Y qué increíblemente diminuta debía de ser la gente que iba en ellos! Los niños que veía en la distancia no eran en absoluto niños de tamaño real; justo aquí se convertían en niños pigmeos, agradablemente callados, modositos y de buen comportamiento. Los perros feroces, siempre y cuando no fuesen más grandes que un ratón y ladrasen en susurros, no suponían una amenaza en absoluto. Con todo, no era tanto que yo viviese en un mundo de cosas maravillosamente elásticas, sino más bien que estas cosas vivían en mí como mi mismísimo ser. No había nada en mí con lo que poder expulsarlas, nada con lo que empujarlas fuera de mí. Ver una flor era florecer. Olerla era oler así. El azul del resplandeciente cielo azul era el azul de mi resplandeciente rostro. Tan solo esa malvada ladrona llamada *distancia* se encontraba, por el momento, lejos de mí.

Podría decirse que yo era omnipresente. O, de una forma menos halagüeña, que mi mundo en ese momento era superficial, delgado como el papel, bidimensional. Pero no se podía negar que su delgadez era real, que estaba firmemente basada en la evidencia (al fin y al cabo, cuando alguien, incluidos los adultos, ve algo, lo ve justo donde está y no ahí, en la distancia, en el lugar en el que lo ubica o donde dice que está). Era como si mis estrellas fuesen galgos celestiales y yo tirase de sus correas con tanta fuerza que, vistas transversalmente, estas correas quedaban reducidas a un punto.

Pero yo era tan profundo como superficial era mi mundo. Enraizado en el insondable Fundamento de mi Ser, fluyendo y emanando a partir de él, hacía uso de un inmenso arsenal de recursos internos. No es de extrañar que hiciese más progreso en uno de esos primeros días que en los meses y años venideros. Y el secreto de mi éxito radicaba en que no era ni en lo más mínimo mi apariencia, no era ni por asomo lo que parecía cuando me veían desde fuera. Era un espacio claro, diáfano y sin límites en el que el mundo sucedía. Y el hecho de que no tuviese modo alguno de transmitir esta buena nueva no lo convertía en menos bueno o en menos cierto. Todo lo contrario. La gente decía que yo era pequeño y ellos grandes... ¡Qué equivocados estaban!

Sin embargo, mi inmensidad duró muy poco...

La Caída

De pronto, me desplomé, por así decirlo, me caí de las cosas, me alejé de ellas, perdí el contacto con ellas. La distancia que ahora se interponía entre yo mismo y mis tesoros me despojó de todos ellos. Ahora, por primera vez en mi vida, sabía lo que era la profundidad espacial, pero, por desgracia, ya no era mía, ya no estaba dentro de mí, ya no me servía de apoyo y sostén, sino que ahora era de los demás, estaba fuera de mí, me era ajena y la sentía como algo opresivo. Antes yo era sumamente profundo y mi mundo sumamente superficial, pero ahora era justo al revés. Casi de la noche a la mañana, aquel que había estado presente en todo se volvió omniausente. El mundo que antes se perdía en mí se había convertido de un plumazo en el mundo en el que yo estaba perdido, y me resulta posible exagerar la diferencia que este descenso supuso tanto para mí mismo como para mi mundo.

Los cambios que se produjeron en mí y los que tuvieron lugar en mi mundo estaban íntimamente interconectados. Mis queridas y diminutas estrellitas parpadeantes se convirtieron en vastos infiernos de gas extremadamente caliente situados a años luz de distancia, y sin duda eran lo último que yo poseía o deseara poseer. Ahora no tenía forma de reducir a los perros malhumorados, los niños difíciles o los adultos mandones a proporciones manejables, ni, por el mismo motivo, de ampliar a los buenos. Todos ellos tenían siempre el mismo tamaño estuviesen a la distancia que estuviesen. La rosa está ahí y yo estoy aquí, y no conozco ningún mecanismo que pueda unirnos. Y así sucede con todo. Estoy solo, abandonado, soy pequeño, un extraño en una tierra extraña. Antes solía llenar hasta los topes incluso la iglesia más grande, las estaciones de trenes o los aeropuertos incorporando cómodamente a todas esas personitas tan graciosas. Yo era su inspector, un inspector alegre y gozoso al que era imposible inspeccionar. Pero ahora todo el mundo me inspecciona, me examina y me juzga a mí; he sido derribado, me he encogido y camino ansiosamente por entre medio de ellos. ¡Eso sí que es un descenso! ¡Eso sí que es degradarse!

Es imposible que las palabras hagan justicia a la inmensa diferencia que existe entre mi estado original y mi estado caído, entre la desenvoltura, la espontaneidad y la libertad del primero y la angustia, la inquietud (incluso hasta derivar en patología), la cohibición y el constreñimiento del segundo. Y tal vez lo peor de mi estado caído sea que muy pronto finge ser mi condición normal natural, pretende suponer una gran mejoría respecto de cualquier recuerdo que pudiera quedarme de mi inclusividad y mi inmensidad infantil. Son muy pocos los que tienen alguna idea de lo bajo que realmente hemos caído en nuestro hundimiento.

Por contar esta triste historia a la vieja usanza, Lucifer era el ángel más elevado y resplandeciente del Cielo, pero cayó. Nadie le empujó, sino que saltó por su propio pie. Distanciándose de los asuntos celestiales y arrastrándonos a todos nosotros, los seres humanos, en su desenfrenado descenso en picado, acabó aterrizando en el infierno, en el pozo más profundo, ahí donde cada uno es sí mismo y está solo, separado de los demás por una brecha insalvable. Allá arriba, en el Cielo, soy uno contigo, pero aquí abajo, en el infierno, soy uno sin ti y estamos condenados para siempre a ser dos. Nuestra caída supuso nuestro mutuo distanciamiento y multiplicación, mientras que nuestra salvación es volver a unirnos de nuevo en una única unidad con el Uno.

La Salvación

Yo, que un día fui tan benignamente profundo y cuyo mundo era tan benignamente superficial, me había convertido en alguien nefastamente superficial en un mundo nefastamente profundo. Estaba desesperado. Había tocado fondo.

Pero entonces (y solo entonces) oí una voz que me decía: «Es cierto que necesitas salvarte, pero no lo es menos que ya estás salvado». El trabajo de ascenso y restitución ya está hecho. Tan solo tienes que recuperar el buen juicio y mirar por ti mismo, ver que ya estás en el Cielo».

Así pues, miré para ver, poniendo especial cuidado en comenzar de cero, en comenzar de nuevo, como si de un juego de niños se tratase, con las cosas más sencillas, entretenidas, livia-

nas y desenfadadas, antes de pasar a los aspectos más sublimes
y elevados del Cielo. ¿Por qué? Pues porque el Cielo no solo es
un asunto divertido, sino también divertidamente serio, mientras que el infierno carece de sentido del humor, es pesado,
fatigante y mortalmente serio.

Para recuperar mis coches de juguete y mis enjambres de li-
liputienses en la acera no hace falta que me encarame a lo más
alto del Empire State Building ni que vuele en parapente o
helicóptero. Lo único que he de hacer, aquí abajo, en la calle, es
despertar al hecho de que tanto los coches como las personas se
expanden y se contraen mágicamente (los coches deprisa, la
gente más despacio). Y en cuanto a los edificios, ¡hay que ver
cómo se giran y se retuercen a medida que se hinchan y se
encogen! Me sorprende que haya alucinado tanto al creer que
no era así, que soñase que vivía en un mundo que se había
detenido completamente, que había dejado de bailar de alegría,
un mundo rígidamente estandarizado de montañas enormes,
grandes colinas, árboles y casas de tamaño respetable, personas
más bien pequeñas y bichejos diminutos. ¡El infierno es un país
verdaderamente chapado a la antigua, inflexible, un estado
policial sin lugar para la alegría! Estoy asombrado de que alguna vez haya podido imaginarme mi condición de antes de la
Caída como algo estúpido, como un retroceso inútil y superfluo
y mi condición después de la Caída como algo práctico, sensato
y juicioso. ¿Por qué no me di cuenta mucho antes de que la
razón de mi miedo, de mi soledad, de mi sentimiento de extra-
ñeza y de estar como perdido en el mundo era mi ceguera, mi
rechazo en el infierno de lo que veía (en favor de lo que el
diablo, padre de todas las mentiras, me decía que viese?).

Los hechos tal y como se presentan son propicios y favorables, las mentiras no. La vida salvada o resucitada no es solo
diferente de la antigua vida caída, sino que son diametralmente
opuestas en todos los aspectos importantes. Una vez más de pie
en la boca del pozo recuperamos nuestra profundidad y volvemos a poseer una infinidad de recursos internos. Ahí arriba nos
encontramos en el maravilloso Centro de un cosmos fascinante

y asombroso, ¡el Centro que ha engullido todos sus radios! Esta abolición de la distancia radial que se produce en el Cielo su-pone una enorme diferencia. Garantiza que las barreras caigan y que cada uno de nosotros sea espacio para los demás (que, en verdad, demos la vida por el otro), pues nuestra mismísima naturaleza es hacerlo así.

En el principio había Profundidad. No solo estaba guardada a salvo en ti y constituía una maravillosa fuente de recursos, sino que, como el profundo mar azul, os mantenía a flote a ti y a tu inagotable flota de tesoros. Entonces caíste por la borda y te hundiste en lo más hondo del océano, de modo que toda su profundidad pasó a estar encima de ti y quedaste despojado de tu flota de tesoros. Pero luego, justo a tiempo, fuiste rescatado y transportado a la superficie, y una vez más volviste a ser el capitán de tu flota.

La Profundidad benigna que se convirtió en la Profundidad perniciosa se ha convertido de nuevo en la Profundidad benig-na. Has sido salvado, completamente salvado.

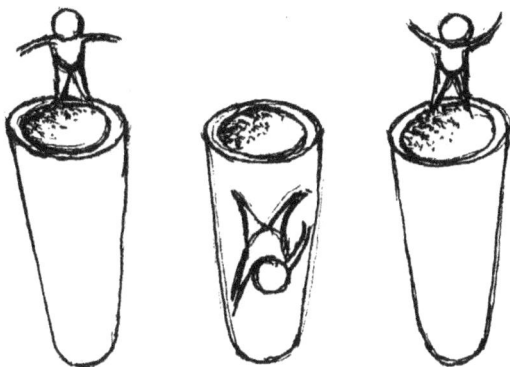

14

Aventuras en el verdadero país de las maravillas

¿Comprendes la profundidad de este misterio?
El hombre, tan pequeño entre las criaturas visibles,
una sombra, una mota de polvo,
posee en el centro de su ser a Dios en su totalidad.

SAN SIMEÓN EL NUEVO TEÓLOGO (949-1020)

PERIÓDICAMENTE NOS TOMAMOS un descanso de nuestras ansiedades y de la posición que ocupamos en la sociedad, ¡y qué necesario es! Pero ¿podría ser aún más necesario tomarnos unas vacaciones con cierta frecuencia de nuestras ansiedades y de nuestra condición de humanos? ¿Sería una escapatoria así concebible, ya no digamos factible, o en realidad somos tan prisioneros de nuestra condición humana como un caracol lo es de su condición de caracol o un escarabajo pelotero de su condición de escarabajo pelotero? ¿Pudiera ser que a pesar de toda nuestra inteligencia e ingenio fuésemos completamente incapaces de llegar a una visión objetiva e imparcial de nuestra condición, y por supuesto también de tomarnos un descanso de dicha naturaleza?

Esa es la pregunta de la que nos vamos a ocupar aquí. Y, como yo lo veo, se trata de la cuestión más importante que puede haber. Que nuestro punto de vista pase de una posición única y exclusivamente humana a otra estación extrahumana —y, presumiblemente, extraterrestre— (un cambio que sin lugar a dudas sería auténtico y genuino por los enormes cambios físicos que habrían de darse en el espectador) ¡sí que sería algo especial, algo verdaderamente de otro mundo! ¡Esta vez no se trataría de las aventuras de Alicia en un imaginario país de las maravillas, sino de nuestras propias aventuras en el auténtico País de las Maravillas, por así decirlo!

Pero dudo mucho que pudiésemos siquiera aproximarnos a este lejano objetivo, o siquiera avanzar un poco en su dirección, hasta que no tengamos perfectamente claro dónde estamos ahora. Si queremos salir de la cárcel primero debemos conocer la prisión en la que nos encontramos. Así pues, comenzaremos por examinar nuestra condición humana con toda la honestidad y el desapego que seamos capaces de congregar en esta etapa temprana. Solo entonces tendremos alguna remota posibilidad (no apuntemos demasiado alto por ahora) de tomarnos unas vacaciones de esa condición.

He escogido las siguientes cinco características. Si te parecen tan desagradables como para resultar casi inaceptables, es porque son precisamente así, y cuanto antes lo admitamos mejores y más auspiciosas serán nuestras opciones de irrumpir en una tierra más feliz y llena de maravillas.

Soledad

Tú y yo estamos encerrados en unas pequeñas cajas cuyas tapas están cerradas a cal y canto. O digámoslo de este otro modo: Aquí estamos, yo en mi pequeña prisión y tú en la tuya, mirándonos mutuamente con cautela y recelo a través de dos diminutas aberturas (con frecuencia obstruidas) practicadas en una de las paredes de dicha prisión. Cada uno condenado a una cadena perpetua en aislamiento en condiciones que no podrían ser más estrictas y solitarias. Por ejemplo, no tengo forma de saber si tú o cualquier otro prisionero (y hay cientos de millones) experimentáis algo similar a las sensaciones del tacto, el gusto, el olfato, el oído y la vista que yo experimento. Y, por supuesto, también está la comprensión todavía más inquietante de que estas paredes de la prisión son tan a prueba de pensamientos y sentimientos como a prueba de sensaciones. Todos somos extraños por naturaleza. ¿Y qué es el infierno sino una total alienación y desafección?

Confrontación

Los seres humanos nos enfrentamos. Nuestras celdas están configuradas de ese modo, cada una de ellas en frente y opuesta a las de sus vecinos. El sentimiento correspondiente es inseparable de este hecho físico, y el comportamiento subsecuente es inseparable del sentimiento. La confrontación es la regla a todos los niveles: no solo tú o yo contra él o ella, sino padres contra niños y viceversa, masculino contra femenino y viceversa, viejos contra jóvenes y viceversa, religión contra religión, ideología contra ideología, nación contra nación, y así sucesivamente. ¿Qué otra opción tenemos? Así es nuestra vida.

Muerte

Nuestra vida pasa en un abrir y cerrar de ojos. No solo soy una efímera sin alas, condenada a arrastrarse por el suelo, plenamente consciente de lo transitoria y fugaz que es y de lo avanzada que está en el proceso de morir, sino que además soy una efímera temerosa y asustada hasta el tuétano. Y, como resultado de mi miedo a la muerte y al olvido eterno, innumerables temores proliferan a partir de esa oscura raíz.

Inquietud

Decir que los humanos estamos intranquilos, tensos e inquietos es edulcorar grotescamente la realidad. Sufriendo el mismo castigo que el que sufrieran los amantes culpables Paolo y Francesca en el Infierno de Dante, nos vemos arrastrados de aquí para allá por vientos despiadados e implacables. Anhelamos la paz, la calma y la quietud, pero siempre estamos en movimiento, siempre haciendo algo en un trajín constante llevados por esto o por aquello.

Sentirse perdido

Tengo la fantasía de que el tipo que soy tiene alguna consecuencia o algún impacto en el universo, que supone algo en el gran esquema de las cosas. En cambio, mi destino real es que ese tipo no tiene ninguna consecuencia y es tanto como nada. Estoy totalmente perdido en las inimaginablemente vastas extensiones del tiempo y el espacio cósmicos. ¿Qué podría ser más insignificante? ¿Qué vida, que luchas, qué agonía y qué muerte podrían resultar más intranscendentes, más inútiles, que las tuyas y las mías, arrojados como estamos contra nuestra voluntad en este páramo ululante y baldío?

En suma, existir como ser humano equivale a estar solo, perdido, enfrentado a otros seres humanos, a estar muriendo lentamente y ser vapuleado y sacudido por las circunstancias.

Esta verdad ineludible resulta tan intensamente dolorosa que la suprimimos por cualquier medio a nuestro alcance. Y, en esas raras ocasiones en las que no podemos seguir metiéndola con el cepillo debajo de la alfombra de la conciencia, la aplicamos a los demás pero no a nosotros mismos. La gran mayoría logra drogarse, entumecerse y caer en un ininterrumpido estado de aletargamiento y estupor. Entre los productos de nuestra farmacia (bien surtida de anestésicos y opiáceos) encontramos algunas formas de religión, leernos cada semana una novela de trescientas páginas (que no es más que una vida ficticia con la que poder escapar de la vida real), la cerveza, la hiperactividad, paparnos a diario la telenovela de las tardes, las compras compulsivas, realizar viajes que en lugar de abrirnos la mente nos la cierran, disfrutar y jactarnos de por vida de tener mala salud, y así sucesivamente. Cualquier cosa que nos mantenga miopes sirve. Pero, por supuesto, reprimir algo equivale a otorgarle más poder. La forma más segura de sufrir la mayor parte de nuestras desventajas humanas (las cinco principales que he enumerado más un sinfín de otras secundarias) es estructurar todos los momentos que pasamos despiertos de manera que ser consciente de dichas desventajas quede completamente descartado; arrojarlas, por así decirlo, a un sombrío y oscuro inframundo en el que se conviertan en la sustancia de la que están hechas nuestras pesadillas.

En realidad, claro está, no hay escapatoria posible. Somos humanos, y la condición humana es así, lo cual no significa que no haya nada que podamos hacer al respecto.

Lo que podemos hacer (y estamos a punto de hacer aquí) es lo siguiente. Una vez que por fin hemos apuntado el faro de la conciencia hacia nuestra condición humana, aumentamos la intensidad de su luz. En otras palabras, examinamos con más atención y honestidad a quien está mirando y, para variar, vemos lo que realmente vemos, en lugar de lo que las ilusiones, el miedo, el lenguaje y el Gran Hermano nos dicen que veamos. El resultado es que hacemos algunos descubrimientos sorprendentes.

Para algunos de nosotros esta empresa, la más desafiante y crucial de cuantas pueden darse, no es solo personal y privada, sino que también presenta un aspecto comunal y público. Mis amigos y yo nos juntamos en encuentros (odio el término *talleres*) en los que ensayamos, probamos y practicamos esta nueva forma de vida, así como el nuevo tipo de relaciones personales que se desprenden de nuestros descubrimientos. Pero, como es lógico, aquí, sobre el papel, tú y yo tenemos que encontrar otra forma de hacer exactamente lo mismo juntos.

Y ese método ha resultado ser (sí, yo estoy tan sorprendido como tú) una tira cómica. Con una salvedad: que lo que busco con las once viñetas de la siguiente historieta no es entretenerte o enseñarte algo (como en los cómics de Asterix o de Tintín), sino lograr que dediques por lo menos media hora de tu valioso tiempo a indagar por ti mismo, a realizar esta investigación, la más fundamental y vital de cuántas se puedan llevar a cabo. Para ser precisos, la mitad de las imágenes requieren de tu cuidadosa atención, y la otra mitad, además de eso, que pases a la acción. Así pues, ¡concédeme treinta minutos de tu tiempo, por favor!

Aquí he de hacer un inciso de advertencia: Si crees que sabes cómo sería hacer las cosas que te pido que hagas y, en consecuencia, no te molestas en llevarlas a cabo, te prometo que no tendrás aventuras ni aterrizarás en ningún país de las maravillas, sino únicamente desconcierto, irritación y aburrimiento.

1. 6.000.000.000+ Ahí están ellos, separados, confrontados, muriendo, manipulados, perdidos.

2. ¿Eres también tú, su Observador, así?

3. Para poder observarlos, estás al revés.

4. Subiendo, apunta a lo que ves de ellos.

5. Bajando, apunta a lo que ves de ti mismo.

6. espejo — Son ellos los que tienen tu cara y te podrán decir si está limpia.

7. Para ver dónde terminan el tiempo y el movimiento, acerca el reloj aquí.

8. Para ver dónde termina la distancia, observa esta estrella aquí.

9. Abre los brazos y fíjate en que abarcan el mundo entero.

10. Para abrir tu Tercer Ojo, ponte los otros dos.

11. Ahora, completamente despierto, fíjate en que tu ojo está tan abierto como tus brazos.

¿Y bien? ¿Qué ha pasado? ¿Te has visto a ti mismo pasando por la transformación (a través de cada una de estas etapas claramente definidas) que lleva de ser ese pequeño humano mortal de la segunda viñeta hasta el Ser ilimitado e inmortal de la última? Dicho de otro modo, ¿has pasado de aquello que le pareces ser a los demás *ahí* (a cierta distancia) a lo que eres para ti *aquí*, en el Centro? ¿Y no te ha parecido absolutamente impresionante la diferencia que existe entre estas dos versiones de ti mismo? Si es así, ¡mi más sincera enhorabuena! Por favor, sigue leyendo pero omite el siguiente párrafo.

Por el contrario, si algunas partes o toda nuestra investigación de once pasos no tiene sentido para ti, te ruego que lo intentes de nuevo, pero esta vez más despacio. Y si esto tampoco funciona, dirígete a las notas que hay al final de este capítulo. Creo que te podrán ayudar.

Ha llegado el momento de que tú, que has llevado a cabo con éxito nuestro proyecto de investigación, y yo mismo, que lo he diseñado, hagamos balance de lo experimentado.

Recordarás que empezamos preguntándonos si era posible tomarnos vacaciones de nuestra condición humana, y que después pasamos a admitir lo desesperada que es dicha condición y lo mucho que necesitamos esas vacaciones. Luego hemos intentado con todo nuestro empeño «llevar» nuestro Centro y nuestro Punto de Vista hasta una ubicación extrahumana y, de hecho, extraterrestre; una transformación tan descomunal que no cabía duda alguna de que era real, aunque solo sea por los drásticos e inescapables cambios físicos (junto con cualquier otro tipo de cambio) que conlleva en aquel que ve. Cambios verificables universalmente, me gustaría añadir.

Bueno, es indudable que esos cambios físicos se han producido. Son bastante radicales, y cualquier investigador de mente abierta puede verificarlos en cualquier lugar y en todo momento. ¡No hay más que comparar el pequeño tipo con el que comenzamos en la viñeta 2 con el inmenso Uno al que llegamos en la viñeta 11! El contraste es total. Y tú y yo vemos que ahora y siempre estamos mirando desde el segundo, cuyo Centro coincide con el tuyo y el mío, no desde el primero. *Tenemos* a ese minúsculo humano, pero *somos* este inmenso ser Suprahumano. Y no es que tengamos que negar o rechazar al humano, sino que hemos de colocarle en su lugar (ahí fuera, en el reino de las cosas que nacen, cambian y mueren) y cuidar de él como un tesoro. Esto lo conseguimos gracias a nuestra unión con la Nada (la No-cosa), justo Aquí, de la que nace y a la que regresa cuando muere.

Date cuenta de que hemos llegado a estas conclusiones revolucionarias por medios totalmente seculares, simplemente mirando para ver lo que se muestra en lugar de lo que la sociedad nos dice que veamos, rindiéndonos humildemente ante los datos en lugar de inclinarnos ante ninguna autoridad. En nuestro pequeño cómic no aparece ningún libro sagrado, ningún santo gurú, ningún miembro del clero. Sin embargo, creo que estarás de acuerdo en que esta comedia nuestra estrictamente laica y contemporánea encaja muy bien con la Divina Comedia de las grandes tradiciones espirituales del mundo. Por ejemplo, es posible que te preguntes si eres un advaitín: «Sí, mi Tercer Ojo está abierto de par en par, y se trata del Ojo del Uno sin segundo, del Uno que Soy»; o budista: «Al igual que el Buda, no tomo refugio en nada externo a mí. Dirigiéndome hacia fuera no puedo alcanzar ese Lugar en el que no hay nacimiento, envejecimiento, muerte ni renacimiento»; o musulmán: «Como dice el profeta, Alá está más cerca de mí que mi propia yugular»; o cristiano: «Al igual que Pablo, no soy yo quien vive sino Cristo quien vive en mí. ¿De quién sino suyos son estos brazos que acogen el mundo? Esta Luz y este Amor que habitan en mi propio Centro, ¿acaso no son míos únicamente en virtud de mi unión con Aquel que es Luz y Amor?».

Y si nuestros descubrimientos más privados, recientes y seculares encajan tan bien con los descubrimientos más universales, antiguos y sagrados de nuestra raza, no cabe duda de que vamos por buen camino. Si su mensaje conjunto no merece grabarse a fuego en nuestros corazones, si no vale la pena tomarlo como guía y vivir según sus principios, ya me dirás qué otra cosa puede valer la pena.

Bueno, por muy pesadas y sólidas que sean tus creencias religiosas (o por muchas que hayas tenido que abandonar), impulsado por la gracia del Uno has salido disparado como un cohete (como algunos diríamos) de una plataforma de lanzamiento mundana, común y ordinaria para dirigirte hacia lo que seguramente sea el más maravilloso País de las Maravillas.

¿Cómo puedes estar seguro de haber llegado ahí y de disfrutar tu estancia? Solo conozco una forma de averiguarlo, y es descubriendo cómo, día a día y minuto a minuto, este cohete que pierde parte de sí mismo en el vuelo y remodela lo que queda (este salto que transforma al saltador) se ocupa de los cinco problemas básicos que sufre en tierra. Veamos estas enfermedades endémicas del ser humano una por una y examinemos qué les ocurre cuando se someten a este tratamiento tan dinámico y eficaz.

Soledad

En la medida en que (alejándome de mí) soy ese tipo con un cierto color y textura, opaco, ese tipo minúsculo y cerrado de la viñeta 2 en el que claramente no hay espacio alguno para nadie ni para nada, por supuesto que soy solo eso, y como tal, como individuo omniexclusivo, estoy profundamente solo. Pero en la medida en que (acercándome a mí mismo) soy de verdad esta Nada incolora, transparente y sin textura, este Ser abierto de la viñeta 11 que visiblemente cuenta con espacio ilimitado para todos y para todo, por supuesto que soy ellos, y como ser omniinclusivo, una vez más vuelvo a estar solo. En ambos casos, ya sea como ese pequeño individuo de las viñetas 2, 3 y 4 o como este Ser inmenso de la viñeta 11, estoy solo, no me tengo más que a mí mismo. No obstante, hay una diferencia importante. En mi (falta de) capacidad humana estoy solo por exclusión, mientras que en mi capacidad suprahumana estoy solo por inclusión. De hecho, soy nada menos que el Único, el Solitario,

AVENTURAS EN EL VERDADERO PAÍS DE LAS MARAVILLAS   155

y el antídoto perfecto para mi humano sentimiento de soledad es mi Soledad divina.

En mi caso, la forma en que esto funciona en la práctica es la siguiente. Antes solía ubicar lo que llamaba *mi conciencia* en Douglas Harding, la reclamaba como propiedad privada del tipo de la viñeta 2. Dicho de otro modo, él mismo se había creado su espantosa soledad. Pero ahora, recuperando la cordura, retiro el Centro del sujeto de la viñeta 11 y lo sitúo en la Conciencia de Aquel que es la Conciencia Una. Y al hacerlo descubro que, en la medida en que permanezco centrado aquí, todo ese embrollo sobre la soledad del prisionero se desvanece, y tengo todo el acceso «telepático y clarividente» a los demás que necesito (todo lo que requiero momento a momento, ni más ni menos). Y a ti te digo que sigas dando este salto de un metro (pero astronómico) que lleva de ese pequeño individuo solitario (que se siente solo) a este inmenso Uno Solitario (por que no existe nada más) y que veas por ti mismo cómo te lleva al corazón de todas las criaturas a través del Corazón de su Creador.

Confrontación

No hay manera de que los humanos (nosotros, tan chiquitines y diminutos) podamos evitar la confrontación. Tú mismo puedes comprobar que estamos diseñados para estar cara a cara. Es lo que oímos decir constantemente (¿acaso alguien ha oído hablar de que estemos «cara a espacio»?). Observas y soportas las múltiples consecuencias de la confrontación. ¡Aquí tienes evidencia personal de que es así, y por triplicado! Pero entre bastidores se esconde otro testigo ansioso por ofrecer su testimonio, y como este testigo, juras que tú, personalmente, en total contraste con esa otra miríada de testigos humanos, perteneces a otra especie, a otro género, a otro orden de ser completamente distinto. Si miras ahora mismo Aquello que eres justo Donde estás ves que nunca, ni por una fracción de segundo, has confrontado ni jamás podrías confrontar a nada ni a nadie, ni a tu peor enemigo ni a tu mejor amigo, ni al perro, ni al gato ni a ninguna otra criatura. Por muy afectuosos, amorosos o corteses que sean, los humanos como tales no pueden desaparecer en favor de nadie, mientras que el Uno que realmente son no puede evitar hacerlo. En términos cristianos, la asombrosa verdad es que en tu corazón yace el Amor abnegado y desprendido que se entrega y muere por el mundo y por ti.

Muerte

Tarde o temprano todas las cosas dejan de ser lo que son. En todas las regiones en las que equivales a una u otra cosa, eres una u otra cosa mortal, perecedera, efímera. En cambio, en el Centro, ahí donde Aquello que ve conscientemente se desvanece en favor de lo visto, no eres nada (ninguna cosa) en absoluto. Y donde no hay nada tampoco hay nada que cambiar, y donde no hay nada que cambiar tampoco hay cambio ni forma de registrar el tiempo ni, para el caso ningún tiempo que registrar (viñeta 7). Tan solo has de mantenerte vivo a tu Núcleo atemporal e imperecedero, y junto con tu miedo a la muerte morirá también toda su espantosa progenie. O permíteme expresarlo de este modo: si prefieres no morir, recuerda que se te está ofreciendo unirte con el único Uno que jamás morirá.

Inquietud

Todas las cosas son inestables, se agitan, están en movimiento, están encadenadas a los radios de la rueda del nacimiento, el crecimiento, el envejecimiento y la muerte. En cambio, enclavado por siempre en el Eje de esa rueda, eres la Nada (la No-cosa) que jamás se ha movido ni un nanómetro. Como tal, has visto (viñeta 7) cómo el movimiento de las manecillas de tu reloj, así como el tiempo que marcan y, por supuesto, el reloj mismo, se desvanecen cuando los examinas muy de cerca. Y a partir de ahora, cuando estés al volante, cuando vayas en tren o en avión, solo tienes que mirar para ver que aquí eres verdaderamente el Motor Inmóvil del mundo que se despliega al otro lado de la ventanilla. Puedes ver que todo lo que hay ahí, desde las estrellas hacia abajo, está claramente en movimiento en tu Quietud, y que cuanto más cerca están las cosas más rápido se mueven. ¿Se te ocurre alguna aventura que requiera más arrojo, audacia e intrepidez que esta?

Sentirse perdido

Hemos visto que, como ser humano, eres menos que una mota de polvo en el cosmos, lo desesperadamente perdido que estás en su inmensidad. Sí, pero también hemos visto que, como el Uno que realmente eres, el cosmos se pierde (y se encuentra) en ti. Esos Brazos tuyos abiertos de par en par abarcan a todas las criaturas, de las más grandes a las más pequeñas. Y tu Ojo único acoge un centenar de constelaciones con la misma facilidad con la que acoge la llama de una vela. Sin duda, vivir de esta manera tan sumamente abierta (con tus brazos inmensos, con tu Ojo abierto de par en par) requerirá de mucha práctica, pero ayuda recordar que es la manera natural que tiene la vida de relajarse en el ahora, y no una forma de vida ideal que lograr en un futuro lejano.

Bueno, espero haber presentado una cantidad suficiente de palabras, ilustraciones y experimentos que llevar a cabo; suficientes como para demostrar que tu suprahumanidad es perfectamente capaz de cuidar tu «humanidad», siempre, eso sí, que permitas que lo haga; que Aquello que eres centralmente es la medicina (tan necesaria) y el complemento perfecto de lo que eres periféricamente; que el infinito poder de la Benevolencia que habita en tu mismísimo corazón te rescata de tus múltiples desdichas y delitos; y que este descubrimiento tuyo, que siempre se renueva a sí mismo, no es en absoluto grave, formal y solemne (no es como la obligación de tener que ir a misa todos los domingos y asfixiarnos entre capas y capas de polvo piadoso y parloteo anestesiante), sino que se trata de tu verdadera

Aventura, estimulante, emocionante e interminable, en el verdadero País de las Maravillas.

Date cuenta de que no estoy diciendo que una vida conscientemente vivida desde su verdadero Centro sea una vida segura o indolora, fácil o por siempre alegre. Las auténticas aventuras están hechas de cosas más arduas y difíciles. Del mismo modo que abrazan el esplendor y el regocijo del mundo, esos brazos inmensos también acogen su sufrimiento. Esas manos conocen el tormento de la crucifixión. Solo así se puede superar el terrible dolor del mundo. A la verdadera alegría, la alegría sin mácula, la alegría que no conoce variación, se llega pasando a través del fuego. En nuestras profundidades habita el gran apostador, aquel que todo lo arriesga, el más valiente, el más atrevido, el más rudo y salvaje, así como el más increíble y triunfante de los aventureros. ¿Qué sería de nuestro cómic, qué sería de la Divina Comedia en sí y de su divino comediante, sin su asombroso Actor principal, que hace también las veces de Empresario? Para mí, este capítulo es una de las innumerables cartas de amor que nos escribe a ti y a mí, una carta de amor en la que nos invita a soltarlo todo y probar suerte con Él. O mejor dicho (maravilla de maravillas y gracia de gracias), ¡*como* Él!

Notas

Si el mensaje de nuestra historieta te resulta tan ajeno y desconocido que en algunas partes no tiene sentido (o si a mí su mensaje me resulta tan familiar que no he sido capaz de expresarlo con claridad), creo que estas notas pueden resultarte útiles.

Veamos una por una las once viñetas del cómic.

1. No he escogido estos cinco desafortunados aspectos de nuestra condición humana solo porque el hecho de ser tan lamentables. Tengo otra razón, y es que también son aquellos con los que hacemos la vista gorda (a pesar de que, cuando por

fin nos atrevemos a examinarlos, ¡descubrimos que en realidad no se aplican a nosotros en absoluto!).

2. El delirio o la ilusión básica de los seres humanos consiste en que creemos que somos básicamente lo mismo cuando los demás nos ven a una cierta distancia (y cuando «nos vemos a través de los ojos de otros») que cuando nos vemos aquí por nosotros mismos.

3. Si te resulta difícil ver que estás justo al revés que la persona que tienes enfrente, prueba lo siguiente. Levanta un brazo de manera que el antebrazo quede en horizontal delante de ti. Luego vete bajándolo lentamente y observa lo que sea que vaya apareciendo por encima de él (lo que, por así decirlo, «descansa» en él): su cabeza, su cuello, su tronco, sus piernas, sus pies... y después tus pies, tus piernas, tu tronco, justo en orden inverso.

4. Aquí te pido que apuntes a lo que ves de él o ella, a lo que es opaco, tiene un color y una textura, esta vez subiendo lentamente desde sus zapatos hasta el pelo.

5. Ahora repite la misma operación en ti mismo, de nuevo comenzando por los pies. Cuando llegues al lugar en el que tu camiseta (o camisa, blusa, jersey, etc.) desaparece de tu vista, traza con el dedo índice la Frontera semicircular que va del hombro derecho al hombro izquierdo, ahí donde el color, la textura y la opacidad de esa prenda (junto con la punta de tu dedo) se desvanecen. Y, tal como nos advierte el maestro zen Huang-Po, quien nos recuerda que los sabios se fían de lo que ven, mientras que los necios se fían de lo que creen ver, a partir de ahora respeta y valora esa Frontera.

En las viñetas siguientes examinamos las extraordinarias funciones de este Espacio incoloro, transparente y sin textura que se encuentra más allá de la Frontera; el Espacio desde el que estás mirando ahora mismo.

6. ¿Qué le ha ocurrido a su «ocupante», a la más querida, cuidada y preciada de tus posesiones, a ese objeto coloreado, texturizado y opaco al que llamas «mi cara»? Se ha liberado, ha escapado y se ha establecido por su cuenta ahí fuera, más o menos a un metro de la Frontera. Pero no se ha convertido en una mera aparición fantasmagórica que aceche en el aire que te rodea, sino que ha encontrado un refugio, una morada, un hogar (de hecho, multitud de hogares). Tu espejo es uno de ellos, pero los dos compañeros que están frente a ti son igualmente hospitalarios. A diferencia de ti, se encuentran en la posición correcta para decirte si te has manchado de hollín en la mejilla o si tienes un trozo de huevo en la barba.

7. La hora (el tiempo) cambia según el lugar. Cuando te diriges ahí fuera compruebas la hora que es consultando tu reloj de pulsera o algún otro reloj que haya a tu alrededor. Del mismo modo, para saber *qué hora es* aquí, en tu Hogar, cuando te visitas a ti mismo, acercas todo lo que puedes el reloj a tu Ojo, y lo que descubres es que *¡aquí no hay tiempo!* Eres intrínsecamente eterno, atemporal.

8. Lo que ves, lo ves en el Lugar y en el Momento en que estás. Registras un objeto (lo ves) únicamente cuando su luz ha llegado hasta ti. Cada estrella está claramente separada de las demás estrellas, ¡pero ninguna de ellas está lejos de ti! De hecho, ¡eres omnipresente!

9. Por inmensa que sea, trata de abarcar la escena, lo que se presenta ante ti, con tus brazos. Descubrirás que no queda nada fuera. Ahora trata de encontrar a alguien más que sea tan ancho, tan amplio, tan espacioso como tú.

10. ¿Llevas gafas? Te apuesto el precio de este libro a que no, ¡a que lo que llevas puesto es un monóculo! Un monóculo ajustado a tu Ojo Único.

11. Finalmente, quítate el monóculo, convirtiéndolo de este modo de nuevo en un par de gafas, pero asegúrate de que sigues siendo un Cíclope. Ahora, trata de encontrar con tus manos los límites o el contorno de ese Ojo Único desde el que estás mirando. Si no puedes, es porque su Dueño no tiene límites.

15

Creer en Dios

ME RESULTA DIFÍCIL CREER EN DIOS. Y ciertamente no creo en el Dios ortodoxo, en Dios tal como lo proclaman y lo anuncian, en el Dios oficial, o, digámoslo así, en Dios tal y como lo interpreta la gente más sensata y entendida. Estas son mis razones:

1. Parece que, como si de la gravedad o una especie de gas sagrado se tratase, Dios está por doquier, en todas partes en general y en ninguna parte en particular, lo que hace que sea difícil encontrarle, ubicarle con precisión.

2. Igualmente, parece ser eterno, extenderse por toda la historia pero en ningún momento en particular, lo cual hace que sea difícil fijar una cita con él.

3. Y, por supuesto, es perfectamente invisible, lo que hace que sea mucho más complicado tomarle en serio a Él que a las personas y las cosas que me rodean (o para el caso, tomarle en serio en absoluto).

4. Todo lo cual subraya la creencia (tan arraigada que no hace falta ni decirlo) de que es puro Espíritu y que, por lo tanto, no tiene cuerpo. ¡Y con qué facilidad se convierte ese «Dios que no tiene cuerpo» en un «Dios que no es nadie»!

5. A buen seguro «sin cuerpo» significa también «sin cerebro», y «sin cerebro» se suele interpretar como «sin mente». Una conclusión que sabios modernos como Ramana, Nisargadatta o D. T. Suzuki (por no hablar de los psicólogos conductistas J. B. Watson y B. F. Skinner) confirman cuando me dicen que el problema con mi mente es que creo que tengo una, o que soy una. A lo que añadiría que no es probable que Dios se eche a la

espalda una carga de la que yo mismo puedo liberarme. ¿Cómo puedo entonces evitar llegar a la conclusión de que Él carece de mente del mismo modo que carece de cuerpo? O quizá sería más seguro decir que su mente (si es que hay alguna) debe ser tan diferente de la mía que tendría que llamarse de otro modo. Lo cual, en la práctica (en mi práctica al menos) seguramente es suficiente para dar carpetazo al asunto de su irrealidad.

6. Me resulta tan difícil creer en un Dios impersonal tan diferente a mí que resulte imposible de imaginar como creer en un Dios personal tan parecido a mí que sea demasiado fácil de imaginar y que sea, de manera tan obvia, una proyección de mí mismo, un antropomorfo. En ambos casos me declaro agnóstico.

7. Y me resulta igual de difícil creer en un Dios insensible y cruel (que, al menos en este aspecto, sería inferior a mí) como creer en un Dios amoroso que aparentemente hace tan poco por aliviar el sufrimiento inmerecido. De nuevo, en ambos casos me declaro agnóstico.

Bueno, no sé tú, pero esas son mis razones para dudar de la existencia de Dios. En conjunto forman una argumentación bastante sólida. No es de extrañar que el mundo moderno no tenga tiempo para Él.

¿Soy entonces un descreído que ha abandonado a Dios (y que ha sido abandonado por Él), un ateo, aunque un ateo ciertamente reacio a serlo? ¿Me he deshecho realmente de Él? ¿Encabezará por siempre jamás mi lista de personas desaparecidas?

La duda no va a desaparecer así como así… Tal vez no sea en absoluto como yo lo concibo y mi retrato robot provisional esté equivocado en sus siete aspectos. ¡Puede que incluso constituyan una guía infalible de lo que no es!

Veamos. Tomemos una por una esas siete razones para el agnosticismo y comprobemos si se sostienen al someterlas a una inspección más detallada.

(1) ¿Dónde está Dios?

Empiezo con el llamativo y sugestivo hecho de que, dispersos por la historia de las grandes religiones, ha habido hombres y mujeres (entre los que se encuentran un manojo de poetas excepcionalmente dotados, así como santos y sabios) que proclaman haber conseguido ubicar a Dios exactamente, haberle pinchado en un corcho con un alfiler como si se tratase de la mariposa más hermosa y difícil de atrapar. Según ellos, en todo este inmenso universo tan solo hay un Punto, una Ubicación, una Puerta infinitesimal que se abre a este palacio, el más formidable y colosal, en el que Él nos espera a ti y a mí.

Eso dicen. Démosle un poco de precisión y fuerza a su mensaje aplicándolo a nuestra situación actual. El punto que tanto ensalzan no es otro que el lugar en el que dejas de ver tu camiseta (o blusa, jersey, suéter, etc.), donde se desvanece de la vista, el lugar marcado con una Y (Y de «yo», de ti mismo) en nuestra imagen. Aquí y solo aquí (nos aseguran) podemos encontrarle.

Así pues, según las citadas autoridades, este Lugar favorito de Dios, lejos de ser el lugar más difícil de encontrar y de alcanzar, es el lugar más fácil de descubrir y al que llegar. Pero para asegurarnos de que se trata verdaderamente de «*el* Lugar», necesitamos saber qué momento (qué tiempo) es el más ade-

cuado para invocarle y así comprobar si esas autoridades saben de lo que están hablando.

(2) ¿Cuándo está en Casa?

Los mismos individuos que nos indican con precisión dónde encontrarle nos dicen también cuándo encontrarle. En efecto, su respuesta es: «A lo largo y ancho de todo el vasto lapso de tiempo del universo tan solo hay un momento en el que puedes atraparlo, en el que está ahí esperando a saludarte».

¿Y cuándo es eso? Bueno, solo tienes que echar un vistazo a tu reloj de pulsera, pues te dice la hora exacta de tu cita con Él. En cualquier otro momento está fuera ocupándose de otros asuntos. Y, lo que resulta aún más notorio, solo Él está aquí y ahora en el punto Y, solo Él está contigo, *presente* en ambos sentidos de la palabra. Todos los demás y todo lo demás, incluida la escena que he indicado en la imagen, están ausentes, son una multitud de X que pasan el rato ahí fuera. Y lo que es *ahí* es *entonces*, aunque solo sea porque la luz con la que los percibes tarda un tiempo en llegar a ti en Y.

Aquí, una vez más, date cuenta de lo drásticamente que se invierte nuestro retrato robot inicial. Aquel que en un primer momento consideramos como el Gran Escapista, imposible de alcanzar, ¡ha resultado ser el más cercano, el Único que jamás se ausenta!

O eso nos dicen. Ahora debemos verificar por nosotros mismos si dicen la verdad, y para ello hemos de mirar para ver de verdad lo que se muestra en el punto Y.

(3) ¿Es visible?

Aquí tenemos una vez más la imagen, esta vez con algunos añadidos:

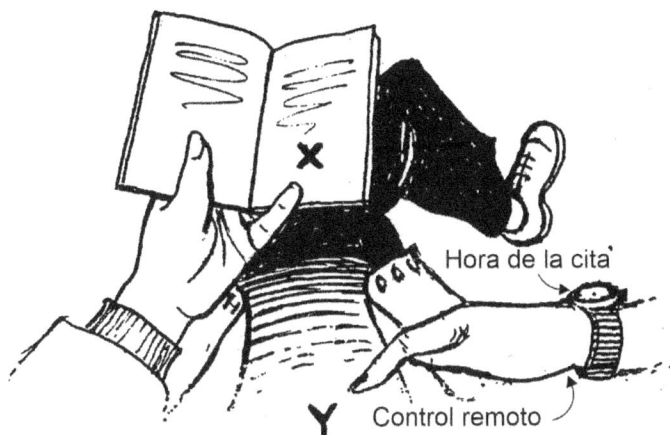

Hora de la cita

Control remoto

Podrías considerarlo como tu mapa, el mapa de tu viaje de 30 centímetros de X a Y, un viaje que no es tanto una excursión como una incursión.

Has de realizar esta travesía como si te fuese la vida en ello (pues se trata del viaje más real y decisivo que hayas emprendido nunca). Para ello, has de retirar el peso de tu atención de aquello que estás viendo y depositarlo en aquello desde lo que estás mirando; de estas palabras impresas y esta letra X a lo que las está percibiendo y acogiendo en Y. Por supuesto, en la Y imposible de imprimir de la transparencia que ves que eres, no en la Y impresa de mi opaco intento de dibujar lo que ves. Por favor, apunta hacia la primera y continúa haciéndolo.

Estás señalando a la puerta que (tal vez como la puerta del garaje de tu casa) se abre convenientemente por control remoto, es decir, con el dedo índice que señala hacia dentro, tal como se indica en la ilustración.

Observa aquello hacia lo cual, según la evidencia presente, estás señalando, aquello que es más central para ti, tu lugar de origen, el lugar del que provienes, del que emanas; no aquello desde lo que piensas, crees, sientes o te han dicho que estás mirando, sino lo que ves de verdad. Tómate tu tiempo y, muy despacio, con total atención, verifica si la puerta Y se abre automáticamente para revelar aquello que es:

- Ilimitado y se extiende en todas direcciones hasta el Infinito.
- Transparente, inmaculado, vacío.
- No vacío sin más, sino vacío para llenarse con lo que sea que se ofrezca en este momento, como indico a grandes rasgos en el dibujo.
- El Receptáculo inmutable y, por tanto, atemporal e imperecedero de todas las cosas que perecen, el eterno Patio de juegos de los niños de todos los tiempos.
- Más tarde, cuando estés al volante en el coche, el Motor Inmóvil del paisaje, la tierra y el cielo.

Por favor, continúa apuntando. Si ahora, al entrar por la puerta más cercana y más diminuta que existe (pero también la mejor) ves claramente a Aquel que (por resumir) es Ilimitado e Inmortal y está Vacío y Lleno, Aquel que en ti está completamente despierto para sí mismo como todo eso, entonces no tendrás duda de que en tu mismísimo corazón le habrás encontrado a Él, al uno y Único Uno.

Según Ramakrishna, «Solo se tiene derecho a hablar de Dios una vez que se ha visto». Siempre que hayas llevado a cabo la investigación anterior con la curiosidad y la atención suficientes y hayas encontrado con certeza las características que te pedí que buscases, te has ganado ese derecho. Y lo que es más, puesto que ahora sabes exactamente dónde buscarle, exactamente cuándo, exactamente cómo y exactamente qué buscar, estás en condiciones de verle *cuando así lo desees* en tu mismo Centro, en tu misma Fuente. Y, lo que es aún más, también puedes ver cuando quieras que solo Él está siempre a tu alcance, que solo Él está presente cuando más le necesitas tú y menos los demás. ¡Solo Él!

Ahora me gustaría que sopesaras la idea de que esta visión del Uno Perfecto en tu mismísimo núcleo central es perfecta e instantánea, que verle en absoluto es verle entero de un solo golpe tal y como es, y que no es posible tener una vista parcial, difusa o imprecisa de tu Origen.

En cambio, ¡qué diferentes son las cosas cuando ves sus productos! Tomemos por ejemplo esas manos tuyas, una sosteniendo este libro y la otra apuntando a su Lector. Por mucho tiempo y cuidado que dediques a estudiar la escena (la totalidad del complejísimo abanico de texturas, colores y patrones posibles de estos objetos familiares), te pierdes la mayor parte de la misma y te olvidas rápidamente de lo poco que captas de ella. Más aún, te dejas fuera el lado opuesto y el interior de las cosas, así como la jerarquía de todas las pequeñas cosas de las que consisten y de todas las grandes cosas de las que dependen (y sin las cuales no son siquiera superficies, no son nada en absoluto). Es obvio que las cosas son demasiado complejas, demasiado ausentes, que están demasiado dispersas en el tiempo y el espacio como para poder verlas de verdad. En el mejor de los casos tan solo las vislumbramos. Solo la Nada Despierta que es el Dios perfectamente simple y completamente presente (*presente* en los dos, ¡no, en los tres sentidos de ese término compuesto!) se puede ver perfectamente. Estrictamente hablando, solo Él puede ver en absoluto. ¿Y quién sino Él mismo puede verse a Sí mismo?

Sí, ver a Dios es ser Dios. Tanta es la generosidad, la gentil hospitalidad del Rey de reyes, que a todos sus invitados les hace entrega de su propio Ojo, el Ojo que le ve a Él y a todas las cosas en Él, el Ojo que ilumina por igual a todos los invitados. Mira ahora, tú que has dado este salto más que olímpico de X a Y, mira nuevamente a Aquello desde lo que estás mirando, Aquello que está viendo, acogiendo y asimilando estas palabras impresas. En Y has abierto el Ojo que se ve a sí mismo como único e individual, más ancho que el ancho mundo, y dotado con el poder divino de destruir y volver a crear el mundo. (La gente te dirá que lo único que estás haciendo es cerrar y abrir un par de pequeñas mirillas de esa protuberancia superior —tan típicamente humana— que es tu cabeza... pero tú sabes mucho más que ellos, pues los demás están demasiado lejos para ver qué está pasando aquí).

Así es que, resumiendo, lejos de ser invisible, solo Él es completamente visible gracias al magnífico presente, al regalo de cumpleaños que es su mismísimo Ojo. ¿Qué precio tiene ahora nuestro preciado retrato robot?

En todo caso, surge la pregunta: ¿Significa esta clara visión de Él como No-cosa, como Nada en absoluto, que está completamente desencarnado, que es quimérico e ilusorio, algo con menos peso y sustancia que el aire? Confieso que no tengo ninguna prisa por subir a bordo (y mucho menos por subirle a bordo como mi Piloto) algo que no es más que una mera brisa, por muy refrescante que sea o por mucho que hinche las velas de mi barco.

(4) ¿Tiene un cuerpo?

¿Pudiera ser que, al menos en este punto, nuestro retrato robot estuviese en lo cierto? ¿Quién sino un desalmado —me pregunto—, un psicótico o un devoto funestamente supersticioso podría presumir de decantar o sedimentar a Aquel que es cien por cien Espíritu en una especie de molde, contenedor o recipiente?

Una vez más, comprobémoslo por nosotros mismos. Tal vez sea buena idea comenzar contigo mismo, mi querido Lector, de quien tengo sobrados motivos para suponer que está hecho a imagen de Dios, y que, por lo tanto, podría proporcionarnos algunas pistas sobre su encarnación o la falta de ella. Para empezar, afrontemos el hecho de que sin otros seres humanos tu cuerpo no es en absoluto un cuerpo humano: los niños salvajes, criados por animales, no son humanos; que sin los cuerpos de los seres vivos que habitan en él, tu cuerpo no estaría vivo; que sin los cuerpos astronómicos en los que él mismo habita quedaría completamente anulado: podrías sobrevivir durante décadas a la amputación de las cuatro extremidades y de muchas otras partes del cuerpo, pero ¿cuánto tiempo serías capaz de aguantar si te amputasen el sol? Pregúntate qué necesitas para ser lo que eres y luego dime qué nivel astronómico, terrestre, humano o infrahumano, junto con sus habitantes, puedes dejar fuera del cómputo. ¿Cuál es el Verdadero Cuerpo de todos estos cuerpos que juntos componen este universo exquisitamente unido y entretejido en el que todos estamos profundamente relacionados, en el que, por decirlo claramente, todo depende de todo lo demás y condiciona todo lo demás? ¿Qué puede ser, salvo el Universo en su totalidad? Menos que eso no funcionaría. No estás completo, no estás ahí del todo, hasta que no estás Todo Aquí, hasta que no eres la Totalidad de las cosas, el único Cuerpo estrictamente Indivisible que es tu propio Físico. No «tuyo» en tu capacidad humana, por supuesto que no, sino en unión con el Uno que realmente eres tanto en el Centro como en la Circunferencia. Por decirlo de otro modo, solo existe Un Cuerpo, del cual todos los cuerpos son *disiecta membra*, fragmentos dispersos, o más bien sus órganos y orgánulos. Y al afirmar (con razón y explícitamente) que estás encarnado, estás afirmando también (con razón e implícitamente) que eres Él. ¡Piensa hasta qué punto el disfrute sostenido y continuado de este hecho (que yace oculto en los fundamentos mismos de la ciencia) podría cambiar tu vida y el modo en el que habitas en el mundo! ¡Tu vida como el mundo mismo!

Sí, hemos puesto patas arriba nuestro retrato robot por cuarta vez. Nos preguntábamos si Dios tenía cuerpo. ¡La respuesta es «NO»! ¡Jamás lo ha tenido y jamás lo tendrá! Él *es* EL Cuerpo, la Nada (la No-cosa) que lo es Todo (Todas-las-cosas). Y si me dices que este Cuerpo es demasiado mortecino, demasiado impreciso y confuso como para ser el cuerpo de Dios, te remito a la mosca de la fábula que, arrastrándose sobre un Rembrandt, quedó horrorizada al ver esos enormes manchurrones de sucios colores... hasta que, al emprender el vuelo, vio la imagen completa y se dio cuenta de la maravilla que tenía ante sí.

Pero la pregunta sigue siendo: ¿Qué tiene de bueno, para qué sirve este Cuerpo, esta colosal obra maestra, si no cuenta con una mente equivalente, si no tiene Mente propia?

(5) ¿Tiene una mente?

Comencemos echando un rápido vistazo a lo que queremos decir cuando hablamos de *nuestra mente*. De nuevo, tú mismo serás la clave para Ti.

Tú y yo sabemos lo inevitablemente cerrados de mente que somos, somos conscientes de que lo que experimentamos no es más que un fragmento diminuto de todo lo que hay ahí para experimentar. Ahora bien, en lugar de interpretar esta «estrechez» como algo de lo que lamentarnos, tratemos de verla como un valor al que dar la bienvenida, una necesidad. ¿Cómo —te pregunto— podrías vivir tu vida y tener tu propia mente si siempre estuvieras siendo bombardeado por todo lo que les pasa por la mente a los demás? ¿No es cierto que hay una enorme cantidad de contenidos mentales de los que no quieres tener conocimiento, o mejor dicho, que no te puedes permitir conocer?

Por supuesto. Doy por hecho que estarás de acuerdo conmigo. Pero eso no significa que el ingente mundo de los fenómenos mentales esté cerrado para ti, que no puedas recurrir a él como y cuando te haga falta

Consideremos los bien documentados y parcialmente verificados fenómenos relacionados con la percepción extrasensorial (entre otras, la telepatía, la clarividencia, la precognición, el recuerdo de vidas pasadas, etc.), por no mencionar la sensibilidad que mostramos habitualmente al estado de ánimo de los demás o la capacidad para «sentir» los lugares. Consideremos también las capacidades de los santos. Los feligreses de Juan María Vianney, ese sacerdote centrado en Dios a quien también se conocía como el santo Cura de Ars, no necesitaban contarle todo lo que estaba pasando por sus mentes y en sus vidas, pues él siempre sabía lo suficiente al respecto para hacer su labor maravillosamente bien. Ahora te pregunto: ¿Qué es lo que indican consistentemente todos esos fenómenos paranormales? ¿A qué apuntan sino a la existencia de una Mente Una que acompaña al Cuerpo Uno? ¿A qué sino a un depósito sin fondo de saber hacer del que todos podemos servirnos como y cuando lo necesitamos? Y, lo que es igual de importante, del cual desconectar como y cuando nos haga falta?

Lo cierto es que todos estamos conectados al Conducto Principal. Cada uno de nosotros, con las juntas mejor o peor soldadas, somos como tuberías equipadas con una válvula que permite pasar del Depósito General de contenidos mentales justo la cantidad necesaria en cada momento. De hecho, del mismo modo que descubrimos que, en última instancia, solo hay un único Cuerpo, ahora estamos descubriendo que también existe tan solo una única Mente que acompañe a dicho Cuerpo; y que juntos (perfectamente distintos pero, al mismo tiempo, perfectamente unidos) forman El Cuerpo-Mente del Uno que tanto tú como yo somos en realidad. Para apuntalar más allá de toda duda esta conclusión vital, te sugiero que la pongas a prueba; que observes cómo tu visión del Uno te va abriendo más y más a los Muchos, a todo lo que necesitas saber sobre ellos; que te fijes en cómo tu válvula se ajusta automáticamente según las necesidades de cada momento.

Mientras tanto, ciertamente parece que, lejos de carecer de mente (como propusimos en nuestro retrato robot inicial), el Uno es maravillosamente consciente: de hecho, es la Mente Una y Única estrictamente indivisible que jamás haya existido o jamás existirá. Sin embargo, cuando afirmamos que (puesto que la totalidad de tu mente es la Mente de la Totalidad) puedes tener acceso a los mismísimos pensamientos de Dios, es muy probable que te extrañe, que te muestres inseguro al respecto y, sin duda, algo sorprendido. «Bueno, puede que mi coeficiente intelectual sea alto, ¡pero estoy seguro de que no tanto!».

De acuerdo, veamos si pasas el siguiente test de inteligencia. De todas las evidencias acumuladas que indican que verdaderamente «te has puesto los zapatos de saltar y has saltado hasta

Dios» (como dijo Eckhart), hay una que resulta primordial. Comienza por preguntarse por qué hay algo en absoluto, por qué existe algo en lugar de nada, por qué existe el más mínimo retazo de sensación de conciencia o la más diminuta mota de polvo de materia, por qué no hay nada en lugar de algo. ¿No te fascina y te regocija esta milagrosa —no, ¡imposible!— eclosión súbita del Uno que se origina a sí mismo a partir del caos primordial y la más completa oscuridad, sin ayuda ni razón alguna, levantándose a sí mismo hasta llevarse a la existencia agarrándose de las inexistentes cinchas de sus propios zapatos? Si así es, puedo asegurarte que eres tú como Él, y ciertamente no tú como Juana, Enrique, o quienquiera que seas, quien está lleno de admiración, quien salta de pura alegría y chapotea en ese gozo tan sumamente especial que nace de este Milagro igualmente especial que nunca cesa. Se trata del Milagro «imposible» de su autocreación. Después de eso la creación de miles de millones de universos, todos ellos funcionando a pleno rendimiento, no es nada del otro mundo, una mera cuestión rutinaria.

Pero el resplandor inefable y el misterio del Uno auto-originado podría dejarnos con la sensación de que lo que hay aquí es un «Ello» temible, en lugar de un Él-Ella acogedor y familiar; un Algo alienígena en vez de un Alguien cercano y accesible. Lo que nos lleva a la siguiente pregunta:

(6) ¿Es Dios una persona?

Su inmensidad, su pureza, su omniinclusividad, su atemporalidad y su presencia en todo tiempo, su quietud que todo lo mueve, sus destrezas creativas y destructivas y, sobre todo, su utilísimo talento natural para la autooriginación... Indudablemente, con esta lista de la compra acabaremos con la cesta tan llena que casi por obligación hemos de pensar en Él como en una entidad suprapersonal o impersonal, y no como en una persona en el sentido en que la señora Gómez es una persona. ¿O pudiera ser que todas estas características perteneciesen a un Ser al que, a pesar de todo ese esplendor, podemos llamar nuestro Amigo, alguien en quien poder confiar, a quien solicitar su perdón, con quien compartir chistes y bromas, a quien acudir para recabar ayuda, en quien apoyarnos, alguien a quien amar tanto que nuestro deseo más querido sea perdernos en Él?

Detengámonos un momento a analizar lo que queremos decir cuando hablamos de *ser una persona*. En la vida diaria, así como en la gramática, distinguimos tres tipos de personas. Ese individuo de ahí, como tal, es una tercera persona. Tú, que estás frente a mí, eres, como tal, una segunda persona. Yo, el que está justo aquí, el que os está percibiendo a él y a ti, soy una primera persona. Como tal, estoy centrado en el Punto Y de nuestra imagen y desde él opero. En consecuencia, puedo decir: Ahí él ES, frente a mí tú ERES, justo aquí YO SOY.

Este YO SOY, esta Primera Persona, es siempre y únicamente Singular, y en realidad no existe la primera persona del plural. Estrictamente hablando, la palabra «nosotros», si bien resulta indispensable a nivel social, es una trampa y una venda, la más potente y adictiva de las drogas halucinógenas. Tomemos, por ejemplo, la afirmación «Estamos probando el vino». La implicación de que tú y yo estamos haciendo lo mismo es falsa. Lo que está sucediendo si nos atenemos a la evidencia presente es que *ese* vaso de vino está desapareciendo en un agujero cubierto de labios y dientes en las cercanías de X, donde permanece insípido, mientras que *este* vaso de vino está desapareciendo en un abismo sin labios y sin dientes en el punto Y, donde puedo degustarlo. E incluso si recibieses en tu casa a todos los bebedores de vino de labios húmedos del mundo, seguirías siendo el único catador sin labios, la Y solitaria entre todas esas X. Como Primera Persona del Singular, eres singular tanto en el sentido de 'peculiar' como en el sentido de 'unitario'. Y tu vino es doblemente sacramental, pues no solo celebra sino que también sella tu unión con el Uno, el Único, el Solitario.

En realidad, como ya señalara Meister Eckhart, solo Dios tiene el derecho de decir «Yo». Y cuando yo lo hago es por gracia y cortesía de mi unidad con Aquel que es la Única Primera Persona del Singular, en tiempo Presente. Y cuando asumo que tú y los demás también sois personas estoy reconociendo implícitamente que vuestra cualidad de persona proviene o emana de Él, quien la cede en préstamo o en franquicia, por así decirlo. Aparte de Él, todos somos no-personas, todos, extraños y temerosos, estamos desconectados unos de otros. George MacDonald tenía mucha razón cuando dijo que «Solo en Dios puede el hombre conocer al hombre».

Nos preguntábamos si Dios era una persona. ¡La respuesta es «NO»! Él *es* LA Persona. Él es la Primera, la Última y la Única persona que es, ha sido o será, de donde se desprende que la única manera de ser una persona es ser Él. Una vez más nuestro retrato robot, tan seguro como estaba al principio de que tú y yo éramos personas y tan inseguro de que Dios fuese una persona, ¡no podría haber errado más el tiro!

Una pregunta adicional. Una vez aceptado que, como hemos visto, Él es La Persona, ¿se trata del tipo de persona con la que se pueden tener sentimientos de compañerismo y unión? ¿Puedo disfrutarle como más Yo que yo mismo, mientras que, al mismo tiempo, sigue siendo esencialmente diferente a mí?

Continúa poniéndote los zapatos de saltar y dando ese brinco de 30 centímetros que te lleva de X a Y, que te sumerge en su Dicha, y observa cómo se desarrolla tu relación con Él. Tal vez puedas hallar algunas pistas de cómo será dicha relación leyendo las vidas de los santos. Encontrarás hombres y mujeres que conversaban con Dios con más locuacidad, libertad y frecuencia que con la gente que los rodeaba. Paradójicamente (y en este nivel todo es paradójico), cuanto más continua y sostenida era su unión con Dios, más relajada, ligera y luminosa era también su intimidad con Él como el Adorable Confidente, el verdadero Amigo del alma. Pero no nos creas ni a ellos ni a mí. Descúbrelo por ti mismo. Practica, practica y practica aún más por puro deleite, por puro gozo (por puro gozo en el presente, no por ningún sentimiento de dicha futuro) este salto que te adentra en su Felicidad. Así podrás comprobarlo por ti mismo.

Pero esa dicha solo estaría completa si también fuese amor; amor que da el salto por amor para zambullirse en su Amor. Así pues, preguntémonos:

(7) ¿Es Dios amoroso y servicial?

¿Se trata de un Dios frío e impasible o de un Dios afable, atento y benévolo? ¿O (¡maravilla de maravillas!) tal vez sea el Poder y la Gloria que conforma el trasfondo del mundo, el Salvador del mundo, el Amor que muere para que tú y yo podamos vivir? A fin de cuentas, puede que nuestros antepasados evangelizadores estuviesen en lo cierto.

Para aclarar esta cuestión (la cuestión suprema y más acuciante), echemos un buen vistazo a lo que está sucediendo ahí, en esa región humana poblada de multitud de X, y luego comparémosla con lo que está teniendo lugar aquí mismo, en Y, en este Centro que es la morada de Dios.

Solo tenemos que mirar para comprobar que la CONFRONTACIÓN es el más básico y más obligatorio de los juegos que jugamos. Y solo tenemos que escuchar para oírnos decir que, efectivamente, estamos CARA A CARA, simétricamente, cada uno en curso de colisión frontal con su opuesto. Y ciertamente nos sentimos y nos comportamos en consecuencia. Opuestos de manera natural, estamos aprisionados en esa configuración. Hay un dicho que reza: «Si parece un pato, grazna como un pato y nada como un pato, entonces es un pato». De igual manera, nosotros somos lo que parecemos (es decir, nuestro aspecto), cómo hablamos y cómo actuamos.

Somos eso. Nosotros, las —erróneamente llamadas— primeras personas del plural estamos clara e ineludiblemente diseñados para la confrontación. Pero no ocurre lo mismo con la Primera Persona del Singular. Solo tengo que mirar para ver que aquí mi constitución obedece a un plan y un propósito distintos y que nunca, ni por un solo instante, he estado frente a frente con ninguna criatura en mi vida.

Catherine, mi esposa, acaba de entrar en la habitación donde estoy escribiendo esto. Ahí está, tal como es en toda su completitud y complejidad, esa cara tan querida y familiar que aparece en esta No-cara mía, en la Simplicidad, en la Apertura completamente despierta del Uno que está justo aquí para acogerla y darle la bienvenida.

Este Uno está haciendo algo que el marido de Catherine como tal jamás podría hacer: desaparecer sin dejar rastro en favor de ella o, para el caso, de cualquier otra persona. De hecho, morir por ella, morir para que ella pueda vivir. Digo *morir*, pero en realidad esta muerte divina y presente es infinitamente más profunda y más mortal que cualquier miedo a la desaparición que pudiera sentir este pequeño individuo. E infinitamente más profunda y más mortal que la muerte humana que le espera a ese tipo, quien pronto se verá reducido a noventa kilos de una masa viscosa altamente compleja de la que tendrán que deshacerse de algún modo en la funeraria. Mientras que en Dios, al ser simple e irreductible, al estar libre de toda sustancia, no hay nada de lo que deshacerse. Aquí no queda de Él ni un solo cuark descarriado que pudiera interponerse a Catherine. Ya sea como la Nada que lo excluye todo o como el Todo que no excluye nada, la verdadera Primera Persona del Singular pone fin a la confrontación.

En otras palabras, solo Dios está hecho para amar. El amor abnegado y entregado es su especialidad. Él es el Único que tiene asignada la tarea de entregarnos su vida deliberadamente, su propia existencia, a ti y a mí. Y ahora que me veo a mí mismo siendo Catherine y desapareciendo en su favor, lo hago unido por la gracia al Único que es lo suficientemente grandioso y humilde como para ser capaz de obrar un acto de amor tan perfecto.

Y lo gracioso es que en mi retrato robot preliminar ¡imaginé a Dios como un ser al que le importamos un bledo! O al menos de una indolencia, apatía y dejadez supinas.

Hasta aquí, entonces, en cuanto a nuestra reevaluación de lo que significa Dios (esa palabra tan sobrecargada y poco comprendida), de lo que Él realmente es, una vez que aceptamos su acuciante invitación a visitarle y verle por nosotros mismos.

Lejos de estar en todas partes y ser difícil de ubicar con precisión, resulta que es lo más cercano y lo más querido, la Intimidad misma, justo aquí y ahora; lejos de ser invisible, resulta que siempre se muestra en todo su esplendor, y no es posible ver su Perfecta Simplicidad de forma parcial, distorsionada o velada; lejos de ser algo remoto, espiritual y sin cuerpo, resulta que solo Él está totalmente encarnado, que es la Completitud, la Plenitud y la Sanación de todos los cuerpos; lejos de carecer de mente, la suya es la Mente Única, el Conducto Principal al que

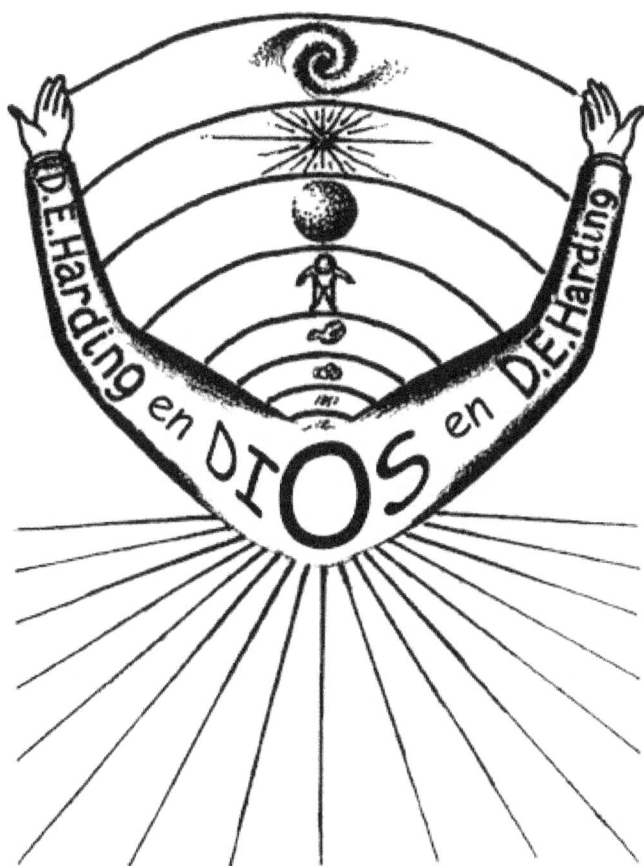

todos estamos conectados, y subyaciendo a su increíble saber hacer se encuentra su imposible «saber ser»; lejos de ser alguien irreal e imaginario como Papá Noel, o una persona como la señora Gómez, resulta ser la verdadera Primera Persona del (tan) Singular, y ser una persona en absoluto es ser Él; y finalmente, lejos de ser indiferente a nuestra angustia, resulta ser Aquel que desciende del más elevado cielo hasta el mismísimo fondo, al sótano de su mundo, hasta convertirse en Nada y, una vez ahí, morir la más profunda de las muertes por ti y por mí, por todos nosotros. Su paradójica pero perfecta respuesta a la pregunta que atormenta nuestras vidas, «ser o no ser», es en Él y como Él «ser y no ser». Aquel que pierda su vida, la salvará.

En resumen, el Uno en el que no podía creer se ha convertido en lo único en lo que puedo creer con seguridad. Por el contrario, el tipo que pensé que era se ha vuelto increíblemente distinto a Él. Y los hallazgos de esta investigación no solo han dado completamente la vuelta a los planteamientos iniciales, sino que también su autoría se ha invertido, de modo que la historia que contaba el hombre indudable acerca del dudoso Dios ha acabado siendo la historia contada por el Dios indudable acerca del dudoso hombre.

Sea como fuere, las manos y los brazos de ese humano marginal y dudoso resultan indispensables para que Dios pueda llevar a cabo su obra en el mundo, en el tremendo, apabullante e inmenso mundo que estos brazos extendidos abarcan en su totalidad.

16

¡Feliz día de tu renacimiento!

Jesús dijo:
En verdad os digo que
a menos que el hombre nazca de nuevo,
no podrá ver el reino de Dios.

S I RECORREMOS TODO EL CAMINO, si no nos quedamos
atascados en alguna etapa de nuestro desarrollo, nacemos
de nuevo una vez más, y luego otra. En total, los adultos
nacen tres veces.

Como es natural, la primera etapa de esta progresión la pasamos en el útero de nuestra madre, donde en tan solo nueve
meses nos desarrollamos físicamente a partir de una célula
microscópica más pequeña que una mota de polvo hasta convertirnos en un animal multicelular enormemente complejo, el
cual, al nacer, entra en el segundo vientre, el vientre social,
donde en un par de décadas se desarrolla a nivel tanto psicológico como físico, dejando así de ser el más incompetente de los
animales para transformarse en un ser humano sumamente
capacitado en múltiples aspectos. Si nada se tuerce, después de
este renacimiento penetramos en el tercer útero, la comunidad
espiritual, donde nos desarrollamos a nivel psicológico y espiritual y pasamos de ser simples humanos a convertirnos en seres
despiertos, seres que están vivos al Ser y al No-ser; lo que denominamos un *veedor*. Y finalmente, en la así llamada «muerte», se produce un nacimiento en el que somos arrojados a
Dios, al Vientre Cósmico que en verdad nunca abandonamos.

La siguiente ilustración nos ayudará a hacernos una imagen global de la historia de nuestra vida y nos indicará sobre el programa a seguir, es decir, cómo se desarrolla nuestra agenda si no nos quedamos retenidos o atascados en alguna de sus etapas, si no degeneramos y nos convertimos en un caso de interrupción del crecimiento.

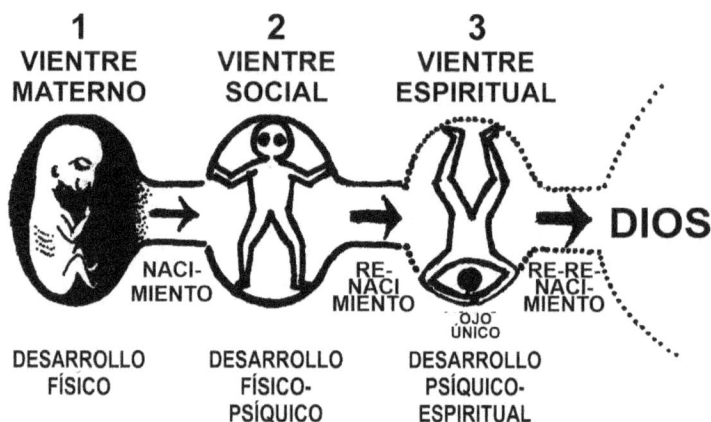

Espero que también resulte útil para la detallada discusión que mantendremos en torno a los cuatro postulados siguientes, los cuales constituyen el grueso de este capítulo.

1. El periodo que pasamos individualmente en cada vientre es una versión acelerada de nuestra historia ancestral, su recapitulación.

2. El significado de cada etapa se revela en la siguiente. Por así decirlo, nuestra evolución siempre va un paso por delante de sí misma.

3. En cada etapa, podemos nacer por «parto natural» o por «cesárea».

4. Morir es nacer en lo Atemporal.

(1) Recapitulación

Comenzaremos con la embriología. Por supuesto, todos sabemos que en el útero materno pasamos a la velocidad del rayo
por los (digamos) mil millones de años de la evolución de la
vida en el planeta.

Pero, entonces, ¿por qué darle tanta importancia? —podrías
preguntar—. Pues porque —te respondo— cuando se aplica a
uno mismo es una realidad a la cual nos resistimos y silencia-
mos en extremo. Te pregunto qué pasaría si, al encontrarte con
un ácaro del queso, un mosquito o una araña, te quitases
cortésmente el sombrero en reverencial saludo a un pariente
tuyo cuyo estatus biológico es muy superior al que tú mismo
tenías no hace demasiado tiempo. O si saludases a una mosca
como a un dios o un arcángel en comparación contigo mismo
en tus primeras etapas. Bueno, en ese caso correrías el riesgo de
que te declarasen oficialmente loco, o de que te llevasen a un
centro psiquiátrico y te pusieran bajo la supervisión de personas (así llamadas) «en su sano juicio», individuos que fingen y
pretenden con todas sus fuerzas que su vida comenzó en la sala
de partos y terminará en el hospicio. Cuando la verdad es que,
si consideramos el tiempo evolutivo en lugar del tiempo que
marca el reloj, la criatura que la matrona recoge del vientre
materno e introduce en el vientre social ya es sumamente añosa
y antigua. Lo único que ocurre es que ha llegado a los momentos más recientes de su vida como esta condensación particular
de Vida.

El desarrollo psicofísico que se produce en el segundo vientre es mucho más lento, menos restringido y, ciertamente,
mucho menos espectacular. Aquí, esa criatura tan vulnerable y
discapacitada se convierte en un individuo sumamente capaz
(que puede, por ejemplo, realizar un triple salto mortal sobre
patines, hacer un 140 jugando al billar, resolver el crucigrama
del periódico en lo que tarda en tomarse el desayuno o sacar
matrícula de honor en la universidad). O incluso (lo que es
inconmensurablemente más importante y difícil) capaz de
reconocer honesta y sostenidamente la superficialidad del

propio proceso de socialización, de ese egoísmo y ese salvajis-
mo secretos que llevamos incrustados en nuestro ser y que
acechan tras la pulida fachada que mostramos al mundo. ¡Y
toda esta asombrosa experiencia supone la condensación de los
cinco millones de años de la prehistoria y la historia humana en
los tan solo veinte años de vida de ese personaje que aparece en
el certificado de nacimiento, el pasaporte y el documento de
identidad de cada uno de nosotros!

No está mal, pero ciertamente no es suficiente. Si quieres ver
(repito, *ver*) el reino de Dios debes nacer de nuevo. Tienes que
encontrar el camino que lleva del segundo vientre, la comunidad humana, al tercero, que es la comunidad espiritual, la
comunión con aquellos que han logrado distinguir *lo que son
en apariencia*, su aspecto vistos desde una distancia de un
metro o así, de Aquello que *son* a distancia cero, en el Centro.
Los miembros de esta comunidad espiritual son pocos, se
hallan muy dispersos por todo el mundo y hablan el lenguaje
particular de sus respectivas tradiciones religiosas, a pesar de lo
cual, internamente y en secreto están en contacto permanente
entre sí. Podríamos decir que se trata de un vientre enorme en
el que el desarrollo embrionario y fetal no es menos real por el
hecho de estar oculto en su mayor parte. Real, y absolutamente
indispensable, pues la primera visión que tenemos de nuestra
Verdadera Identidad, si bien impecable, es muy breve, por lo
que es necesario que la cultivemos hasta que se vuelva estable y
natural, hasta que surja de forma espontánea y sin esfuerzo.
Además, tu centro de gravedad debe descender de la cabeza al
corazón y permanecer ahí. Todo este maravilloso desarrollo (el
amor, la bondad, la Visión Beatífica que la comunidad espiritual ha alcanzado y de la que ha disfrutado durante los últimos
cuatro mil años) es tuyo. Tú también puedes llegar a él y disfrutarlo por al menos esa misma cantidad de tiempo... Siempre
que lo desees lo suficiente.

Es tuyo para alcanzarlo y disfrutarlo, pero, enfáticamente,
no para reclamarlo como tuyo. Nuestro tercer y último nacimiento —en Dios— confirma algo que se ha ido haciendo cada

vez más evidente: que todo amor, toda bondad y toda sabiduría que podamos tener, por no hablar de la propia Visión Beatífica, son suyos y solo suyos (de Dios). Y son tuyos y míos solo en la medida en que estamos, por su gracia, eternamente unidos a él.

Esta recapitulación, esta condensación de la historia en los sucesivos vientres, es una de las grandes leyes de la vida. Y la condensación última y suprema de la historia se produce en el Uno Atemporal, en el Ser Eterno que es nuestro Hogar.

(2) Los sucesivos cambios de sentido

Una de las características del desarrollo uterino es que anticipa lo que se necesitará después del nacimiento pero que, en ese momento, no tiene sentido y resulta inútil. ¿Qué sentido tenían las manos que te crecieron en el vientre materno, ahí donde no había nada que asir o manejar, o los pulmones que desarrollaste ahí donde no había ningún aire que respirar, o los ojos que te salieron en esa espesa oscuridad? Todos ellos demostraron su valor y cobraron sentido cuando, al nacer, fuiste expulsado a tu segundo vientre, el vientre social.

Es igualmente cierto que el sentido y el valor de gran parte de la vida humana que se desarrolla en el segundo vientre solo se revela en la siguiente etapa, en el tercer vientre. Por ejemplo, fijémonos de nuevo en los ojos. En el segundo vientre estamos seguros de que vemos el mundo a través de dos pequeñas mirillas. Solo cuando llegamos al tercer útero recuperamos la cordura y comenzamos a mirar hacia el exterior desde nuestro inmenso ojo único, que es el Ojo del único Veedor en todos los seres. Y aquí tenemos un ejemplo más personal: la razón oculta de que en el segundo vientre aprendiese diseño gráfico, arquitectura e ingeniería estructural fue su posterior aplicación en el tercero a la estructura y el funcionamiento de la Primera Persona del Singular. De ese modo, las ilustraciones y los diagramas (que constituyen una parte esencial de mi trabajo real ahora) surgen de las habilidades adquiridas para otro propósito y en un ámbito muy distinto.

Dejando lo particular y volviendo a lo general, ese viejo afo-
rismo que afirma que este «valle de lágrimas» es también un
«valle en el que se forja el alma» resulta ser cierto. Usando
nuestro propio lenguaje, si toda la vida humana, todos los
valores y logros tienen como destino final la decadencia, la
muerte y el olvido eterno, si eso es para lo único que sirven,
entonces está claro que en última instancia carecen de significado, que no tienen sentido alguno y la Muerte con su guadaña
será siempre la última en reír. Solo naciendo por tercera vez,
pasando del tiempo a lo Atemporal, podemos salvarnos, con
todos nuestros éxtasis y agonías, las criaturas que somos hijas
del tiempo. Y salvarnos tan completamente que hasta los peores
momentos se vuelven relevantes y significativos y aportan su
indispensable contribución a la Imagen Total.

«¿Y cuál es esa imagen?», me preguntas.

Bueno, imagina un cuadro Rembrandt que cuelga en la Ga-
lería Nacional, y que tú mismo eres una mosca miope que se
pasea tranquilamente por su superficie. En cada momento, solo
eres capaz de ver una pequeña parte de la obra completa. La
parte de la imagen que ya has recorrido se hunde en el pasado,
mientras que aquella otra por la que aún no has pasado yace en
el futuro. Entretanto, lo único que está presente es este pequeño
parche, este remiendo oscuro y deprimente. Pero la esperanza
nunca deja de manar en tu pequeño pecho de insecto. A tu
espalda, en el pasado, ha habido algunas áreas coloridas. Y por
delante, en el futuro, es posible que también haya otras zonas
igual de brillantes y atrayentes. Sea como sea, llegados a este
punto algo te inquieta y emprendes el vuelo sin apartar la vista
del lienzo, y así descubres que abandonarlo y poner distancia
implica poder captar una mayor parte del cuadro.

Estás haciendo *presente* más y más de lo que o bien ya habías
descartado como pasado o bien habías pospuesto como futuro.
Hasta que al final (¡bendita mosca!) más que un insecto eres
como uno de los ángeles de Dios disfrutando de su obra maestra atemporal y, al mismo tiempo, llena de tiempo; una obra
que el diablo del tiempo puede esconder pero jamás destruir.

AHORA ← PASADO FUTURO

Y, mi querido angelito, no me digas que la Eternidad está eternamente oculta para ti. Eres de esa clase de ángeles que siempre llevan un reloj, y que, a veces, incluso tienen las alas de un Boeing 747. Ahí fuera, en el mundo del tiempo, tu reloj te indica la hora (el tiempo), pero solo tienes que acercarlo hasta tu Ojo Único para que te diga la no-hora (el no-tiempo) que es justo aquí. Y es que incluso el reloj en sí, ya no digamos sus cifras y sus manecillas, se desvanece cuando lo sometemos a una inspección más cercana. En el Centro eres la Eternidad misma.

Así pues, sintetizando, los sucesivos cambios de sentido que tienen lugar al pasar de un vientre a otro son los siguientes. (a) De la inutilidad de los órganos en nuestra vida uterina a sus múltiples y muy variados usos en la vida humana. (b) De los acontecimientos sin sentido de nuestra vida humana a su contribución indispensable en la vida espiritual. Y (c) de los dispersos e inconexos episodios de nuestra vida espiritual hasta su unificación y culminación en el Dios Eterno.

(3) Parto natural o por cesárea

Como es natural, tu primer nacimiento, del vientre materno al vientre social, se produjo por uno de estos dos medios; o bien naciste de la manera habitual a través del canal del parto, o bien mediante intervención quirúrgica

Tu segundo nacimiento, del vientre social al espiritual, es esencialmente similar, pero en esta ocasión el túnel es un recién llegado hecho de papel y no de carne y hueso. Y si lo denomino «el modo *normal* de nacer» (como, de hecho, lo hago), ciertamente no quiero decir que sea a la manera tradicional ni que, al menos por el momento, sea en absoluto común, sino que me refiero a que presenta algunas ventajas sorprendentes sobre lo que podríamos llamar el método de «la cesárea», con lo cual pretendo referirme a cualquier método que prescinda del túnel.

El nacimiento que nos llevó del vientre materno al social se dio de una sola vez y para siempre. En cambio, no ocurre lo mismo en el primer renacimiento (es decir, en el nacimiento que nos lleva del vientre social al espiritual). En este caso, hay que repetirlo constantemente, hasta que este «estado renacido» se convierta en nuestro estado normal. Por eso insisto en que, independientemente de cuántas veces lo hayas hecho ya antes, te construyas un canal de parto ahora mismo con un par de hojas de papel A4 pegadas con cinta adhesiva por su lado más corto; que te lo lleves al espejo del baño, apoyes uno de los extremos del túnel contra el cristal y ajustes tu cara en el extremo opuesto; y que de verdad lleves a efecto tu renacimiento desde el segundo vientre, donde eres ese ser humano tan obviamente perecedero y mortal, hasta el tercero, donde eres este Ser/No-ser espiritual tan obviamente eterno e imperecedero.

Da igual lo que puedas sentir o pensar sobre toda esta operación. Basta con que te tomes en serio lo que veas en el túnel. Nacer de nuevo es volverse ilimitado, inmaculado, eterno, estar completamente despierto como la Nada que tiene espacio para Todo y que se muestra diáfana y resplandeciente en tu extremo del túnel, en total contraste con ese pequeño compañero del otro lado.

En el vientre social no vemos lo que vemos, sino lo que el lenguaje y la costumbre nos dicen que veamos. De modo que, en todos los aspectos importantes, somos las víctimas inconscientes de una especie de alucinación en masa. Particularmente difícil de eliminar es el delirio básico de que *somos* aquí, en el Centro, lo mismo que *parecemos* ahí, el aspecto que tenemos vistos desde una cierta distancia. Pero en cuanto nos metemos en el túnel de papel la verdad se vuelve inevitable: el contraste absoluto que hay entre nuestra Realidad en este extremo y nuestra apariencia en el otro extremo no podría ser más obvia, más llamativa y contundente. O, para el caso, más natural, más accesible a voluntad, más fácil de compartir con los demás. Lo cual a buen seguro significa que nuestro renacimiento del segundo vientre al tercero no es el privilegio exclusivo de un puñado de especialistas dotados, ataviados con extraños ropajes y cuyas vidas son de lo más peculiares, sino la norma para todos nosotros, la gente común y corriente que quiere crecer y madurar.

Madurar para, en última instancia, llegar a Dios, probablemente a través de nuestro *tercer* canal de parto. (¡Sí, nuestro Dios es en efecto un Dios «tunelado»!) Los pacientes que han estado muy cerca de morir pero han regresado para contar su historia suelen referir que realizaron un tránsito o un viaje a lo largo de un túnel oscuro y a veces ruidoso hacia una Luz que se encontraba en la otra orilla. Algunos incluso se han unido brevemente a esa Luz y han visto que, efectivamente, se trata de la abierta y acogedora (pero también escrutadora) Luz de Dios. Pero, de nuevo, hay muchas excepciones, por lo que nuestro último renacimiento (el nacimiento que nos lleva a Él) también puede ser por cesárea o, por así decirlo, sin túnel. ¡Veamos!

(4) Abandonar el tiempo y nacer a lo atemporal

Creo que la historia de la mosca que despegó del cuadro de Rembrandt puede sernos de utilidad aquí. Como recordarás, en un cierto momento se alejó tanto de la imagen que consiguió verla en su totalidad. Y no es que el lienzo que surgió a la luz estuviese defectuoso, apolillado o carcomido. Esa obra maestra lo incluía todo. No había en ella ningún excedente inútil, nada que sobrase, ningún borrón. Hasta la más pequeña y menos interesante huella dejada por el pincel cumplía su función y aportaba su indispensable contribución, sin importar cómo o cuándo la hubiese puesto ahí el gran pintor, si era de trazo grueso o de trazo fino, de esta manera o de aquella.

Lo cual, si lo interpretamos, significa que todas y cada una de las criaturas que nacen en el tiempo salen del mismo al morir y se adentran en lo Atemporal, en la Eternidad, donde nunca morirán. Emily Brontë lo explica con una claridad admirable:

> Aunque la tierra y el hombre desaparezcan
> y soles y universos dejen de existir
> y solo Tú hayas quedado,
> cada existencia existiría en Ti.

> No hay espacio para la muerte
> ni átomo que sus fuerzas pueda animar:
> Tú, Tú eres el Ser y el Aliento,
> y lo que eres nunca podrá ser destruido.

«Pero ¿basta con eso?», podrías muy bien preguntar. ¿Qué clase de vida después de la muerte sería esa en la que nos mantuviésemos preservados por los siglos de los siglos en una especie de ultracongelación cósmica, como si fuésemos inquietas abejas que hubiesen quedado atrapadas en el ámbar de la Eternidad? A fin de cuentas, quedar petrificado cabeza abajo en el hielo glacial del infierno sería más bien el castigo eterno de Lucifer, pero en modo alguno nuestra salvación. Suelo describirme a mí mismo, a esta Primera Persona del Singular, como una cebolla en la que cada una de las capas representa una de las apariencias regionales de la Realidad que se encuentra en el Núcleo Central. ¡Un autorretrato alentador e iluminador, sin duda!, pero preferiría la extinción a la vida eterna como una cebolleta en escabeche (si es que a eso se le puede llamar «vida»). Está claro que ese tipo de Nacimiento en Dios al morir sería peor que la muerte misma.

Por otro lado, también es un absoluto sinsentido, pura ficción. El cuadro del que despega nuestra mosca y que luego percibe en su totalidad no es una especie de antiguo maestro estático e inmóvil, sino una Película, una Obra maestra siempre nueva, en constante movimiento, y a medida que se va transformando también cambia su sentido, su significado, el papel y la relevancia de todas y cada una de sus partes. Supongo que continúa indefinidamente estando un paso por delante de sí misma, y que, en última instancia, todo está en todas partes en todo momento, como solía decir Whitehead. Lo que significa que el universo siempre seguirá siendo diferente porque tú y yo, como humanos, hemos ocurrido brevemente en él, y nuestra contribución personal continuará madurando por siempre jamás. Ante esto, ¡la mente se queda atónita! ¡Pues que así sea!

Me gustaría concluir deseándote el más feliz de los cumpleaños, pues hoy es el día de tu renacimiento en el Uno No Nacido. Aquí, en Él y como Él, se satisfacen tus necesidades más profundas y contrastantes. Por un lado, naces en la Paz y el Descanso eternos, en lo Inmutable, lo Atemporal, la única e incomparable Seguridad. Y, por otro, naces a una vida cada vez más amplia de aventura y descubrimiento, de novedad, de sorpresas y de paradójicos regalos de cumpleaños. Dejas de ser Algo para convertirte (para adentrarte) en Nada y en Todo (en Todo lo que es, fue o será). Dejas atrás el tiempo y naces a lo Atemporal, a Aquello que contiene todo tiempo y que siempre está lleno pero, a la vez, nunca lo está. Dejas atrás a ese individuo que pareces ser para sumergirte en el Uno que NO ES y que, por lo tanto, ES por los siglos de los siglos, en un mundo sin fin. Amén.

¿Acaso podrías desear algo más? ¿Acaso podrías pasar con menos?

17

Dios bueno, hombre malo

L OS PRINCIPIOS ESPIRITUALES VÁLIDOS no son lo que parecen. Cuando profundizamos verdaderamente en ellos, cuando empezamos a vivir tomándolos como guía, suelen encontrar el modo de invertirse, de darse la vuelta como un calcetín. Lo que en un primer momento nos parecía tan negativo y desalentador resulta no ser nada por el estilo, y al contrario, aquello que inicialmente nos parecía tan positivo y alentador resulta ser, una vez más, todo lo contrario. Así pues, tenemos que estar preparados para este tipo de sorpresas.

Un ejemplo notable de este giro total es la doctrina cristiana (que el mundo moderno descarta con desprecio y los cristianos modernos ignoran —cuando no la rechazan directamente—) que sostiene que el hombre es intrínsecamente malo por naturaleza, y que cualquier bondad que pudiese albergar no es suya en absoluto, sino que le pertenece a Dios.

De hecho, esta creencia antihumanista (algunos llegarían incluso a calificarla de antihumana) forma parte de la esencia y el fundamento mismo del cristianismo. Ha sido una parte vital de la fe desde sus orígenes. «No me llaméis bueno», nos advierte su fundador, «pues solo Dios es bueno». Y el propio san Pablo se declaró a sí mismo «el mayor de los pecadores». Ciertamente contribuyó como nadie a dar forma a la fe cristiana. En una epístola dirigida a sus hermanos en Roma, dice: «Sé que en mí (en mi carne) no habita ninguna virtud». Y esta poco halagüeña doctrina se ha mantenido firme a lo largo de toda la historia cristiana. A veces ha figurado en la vanguardia de la conciencia, mientras que en otros momentos se ha mantenido más velada acechando en el trasfondo. En cualquier caso, ya fuese de manera explícita o implícita, siempre ha estado ahí.

Es decir, siempre hasta llegar a nuestro tiempo. Hoy en día, salvo raras y contadas excepciones, tanto el punto de vista cristiano como el no cristiano sustentan que la antigua y desfasada idea de la depravación esencial del hombre (la noción de que no es tan solo un saco de maldad, sino que además es incapaz de llevar a cabo una reforma radical de sí mismo sin intervención divina) es morbosa, masoquista y desalentadora en grado sumo, un impedimento a la hora de alcanzar la virtud. Si todos nuestros esfuerzos para construir un mundo mejor son desatinados (cuando no inútiles) porque van en contra de nuestra naturaleza, ¿para qué molestarse entonces? ¿Por qué no renunciar a una lucha tan desigual y dedicarnos a ser esas criaturas completamente egoístas y sin principios? A fin de cuentas, ese sería nuestro destino, para lo que habríamos nacido. No es de extrañar que hoy en día, quien más quien menos, prácticamente todos seamos en cierto modo humanistas, o que nuestra suposición básica sea que, por muy inexplotado o taponado con toda clase de basura que esté, todos llevamos en nuestro interior un inagotable pozo artesiano de pura bondad humana. En la medida en la que bebamos de ese pozo nos comportaremos humanamente, mientras que si no lo hacemos nos comportaremos de manera inhumana y, a menudo, atroz. Parece obvio que esta visión de nuestra naturaleza nos genera autoestima, así como que recurrir a ella nos ayuda a sacar lo mejor de esa naturaleza. Objetivos altamente deseables que la anticuada y autodenigrante actitud de «yo soy peor y más perverso que tú» rechazaba de plano.

Hemos de admitir, creo yo, que en su propio nivel esta actitud humanista no solo es razonable, sino también, y en la misma medida, práctica. Pero existe un nivel superior, una razón más verdadera, una practicidad mucho más efectiva. Estoy convencido de que Jesús y Pablo tenían razón, y que la vieja doctrina del Dios bueno y el hombre malo, cuando se entiende y se vive como ha de ser entendida y vivida, y no cuando nos limitamos meramente a teorizar sobre ella, es lo que necesitamos profundamente y la respuesta radical a nuestra desesperada condición humana. Dicho en otras palabras, que no podría ser más positiva o más optimista.

Por supuesto que existe una fuerza bondadosa en los seres humanos. Según mi parecer, la generosidad, el amor y una pasmosa capacidad de autosacrificio crecen por todas partes, y no en menos medida en lugares que, en principio, podrían parecer los más improbables. A veces la bondad de un extraño al que no volveremos a ver nunca es suficiente para conmovernos hasta las lágrimas. No hay ninguna duda a ese respecto, pero lo que hace que esta bondad sea tan sumamente buena, tan benigna, es que está *en* el hombre, pero no es *del* hombre. Es suya en virtud del hecho de que no es solo humano, de que en lo más profundo de su ser mora ese Dios (llámalo como más te guste) que es la Bondad misma. Digámoslo así: el hombre que no es solo hombre es la música en la que los agudos y los graves resultan tan contrastantes como complementarios.

O, por modernizar la metáfora, el hombre es esencialmente bipolar, como una batería. Sus electrodos gemelos transportan cargas eléctricas opuestas, y este hecho, junto con la distancia que los separa, es lo que genera su luz. Y su vida (en la medida en que esté vivo) es una disputa sin fin entre sus dos naturalezas, una partida de ping-pong entre su faceta humana y su faceta divina. Cualquier cosa que haga de modo desinteresado y altruista, cualquier cosa hermosa, amorosa, inspirada o excepcionalmente bien hecha, la hace la Divinidad que mora en su interior; no es realizada *por* (digamos, incluso, que *a pesar de*) ese humano que mora en el exterior. Todo lo demás (y es mucho, muchísimo) es lo que hace el humano. En todo caso, ambos son necesarios. Sin polaridad no hay luz.

Pero polaridad no significa paridad. La perfección de nuestra divinidad es superior en todos los sentidos, pues trasciende las innumerables imperfecciones de nuestra humanidad (en la cual encuentra su límite). La sabia, divina y bondadosa Providencia ha establecido las cosas de tal modo que lo bueno que hay en nosotros es más nosotros que lo malo. Y así es como Él obra este milagro. Lo bueno que hacemos es verdaderamente nuestro porque lo hace el Uno que verdaderamente somos, mientras que todas las maldades que perpetramos las perpetra ese individuo que en realidad no somos. Gracias a que en lo más íntimo y profundo de nuestro ser estamos unidos a Él, somos más Él y sus obras que nosotros y nuestras fechorías. No es que neguemos y o que no lamentemos profundamente esos actos descarriados (¡muy al contrario!), sino que negamos su centralidad. Nos confesamos de ellos, establecemos distancia con ellos y, de ese modo, son perdonados. «Tus pecados», dijo el Señor, «que antes fueran tan escarlata, son ahora más blancos que la nieve. Aunque hayan sido rojos como el carmesí, se volverán más blancos que la lana».

La polaridad humano/divino trae consigo muchas bendiciones. Una de las razones de los extraordinarios logros artísticos e intelectuales de los antiguos griegos era que tuvieron la modestia y el buen sentido de atribuirlos a las Musas divinas en lugar de a la pericia humana. Y una de las razones de la bondad excepcional que mostró aquel hombre que dijo que «solo Dios es bueno» fue que realmente lo sentía, que en verdad vivía lo que predicaba. Los humanistas difícilmente pueden pretender haberlo hecho mejor, y ya es hora de que dejen de fingir ser más sabios que él.

Llegado este punto es posible que te preguntes qué pruebas, qué garantías tenemos de que toda esta cháchara sobre lo Divino que habita en nosotros no es más que humo o, en el mejor de los casos, mera poesía imaginativa con la que tratar de animarnos un poco en este mundo tan triste y desolado.

Bueno, la prueba está a tu disposición. Lo único que has de hacer es dejar a un lado tus opiniones personales, recuperar el buen juicio y echar un vistazo a lo que está pasando. Observa estas palabras impresas, estas marcas negras estampadas sobre un fondo blanco y fíjate en aquello que está 25 centímetros más cerca de ti, en aquello que se encuentra justo donde estás ahora y que las está acogiendo en su seno. Llámalo Capacidad Despierta, Alojamiento Consciente o «Espacio en el que ocurren todas esas cosas», pero, lo llames como lo llames, date cuenta de que es una No-cosa ilimitada, vacía para llenarse con cualquiera de esas cosas perecederas que están disponibles (incluyendo al individuo perecedero del espejo), pero manteniéndose en todo momento ella misma imperecedera. Es atemporal e inmortal en la misma medida que permanece inocente de todo; no hay nada en ella con lo que registrar el tiempo, nada con lo que vivir o morir. Fíjate también en que es el contenedor inmóvil y el observador de los movimientos de las cosas. Y, sobre todo, sé consciente de que ahora mismo estás completamente despierto para ti mismo como Esto y mucho más que Esto. De hecho, estás realizando el asombroso descubrimiento de que, mientras que aquello que ves es mundano y secular, aquello desde lo que miras es divino. Y también estás descubriendo que los sabios hindúes y sufíes que proclamaron que Dios es el verdadero Veedor, que solo Él ha visto, ve o verá todo, hablaban desde el sentido común y sabían muy bien lo que decían.

Puede que respondas que en Occidente las cosas son muy distintas. Tal vez me retes a tratar de encontrar un solo santo o veedor cristiano que acepte estas pruebas basadas en los sentidos sobre la existencia del Dios Inmanente, por no mencionar el lenguaje profano en el que las he envuelto.

Bueno, veamos. De entre mis maestros, uno de los más prácticos y santos es el jesuita Jean Pierre de Caussade (1675-1751). En una epístola remitida a una de sus hijas espirituales, escribe:

> Ten en cuenta ese proverbio de san Francisco de Sales que dice que uno no se calza la perfección como si de un vestido se tratase. [...] Todo lo bueno en ti se origina en Dios, todo lo malo, mancillado y corrupto, se origina en ti misma. Así pues, deja a un lado la negatividad y el pecado, los malos hábitos e inclinaciones, las debilidades abismales y las desdichas. Todo esto constituye tu parte, la porción que tú aportas. Sin lugar a dudas se origina en ti y te pertenece a ti. Todo lo demás (el cuerpo y sus sentidos, el alma y sus energías, la módica cantidad de buenas acciones que hayas podido realizar) son la parte que le corresponde a Dios. Le pertenece tan manifiestamente a

Él que nos damos cuenta de que no podemos reclamar ni un ápice de todo eso como propio, que no podemos sentir ni el más leve atisbo de complacencia, sin ser culpables de robo, pillaje y latrocinio contra Dios.

Un poco más adelante en esa misma carta, de Caussade describe el abismo de la degradación al que somos arrojados como «una gracia suprema, ya que constituye la base de toda desconfianza hacia uno mismo y de la confianza absoluta en Dios. Estos son los dos polos de la vida interior».

Me gustaría que te fijases en un par de aspectos de estos extractos de la carta de Caussade.

1. Nos exhorta a dejar a un lado nuestros pecados. Ciertamente no a negarlos, sino a negar su centralidad en nuestra vida. Debemos comenzar a vivir de forma consciente desde el otro polo de nuestra vida, desde nuestro verdadero Centro, que es Dios mismo.

2. Atribuye el cuerpo *y sus sentidos* a Dios y no al hombre.

En efecto, nos sugiere, al igual que el maestro zen Huang-Po, que nos fiemos de lo que vemos y no de lo que pensamos. A lo que yo añadiría: Regresemos a los sentidos («recobremos el sentido») y estos nos llevarán de vuelta a nuestro Hogar, a Dios, que es el único que tiene perfecto sentido.

Como vemos, después de todo la noción de «Dios bueno, hombre malo» que en un primer momento parecía tan deplorablemente antihumanista, e incluso antihumana, se da la vuelta por completo y recobra su sentido original. Aquí tenemos por fin el verdadero humanismo. Verdadero porque lo suscribe Aquel que (como de Caussade señala incansablemente en sus textos) no duda en llegar a extremos desgarradores para demostrar que Él, también, es Divino-Humano y, como tal, esencialmente bipolar.

18

La solución de Sansón

ESTE CAPÍTULO SE DIVIDE EN TRES PARTES: el problema, la parábola y la solución que sugiere la parábola. El problema, en pocas palabras, es que no soy tan consistentemente feliz como creo que debería ser. ¡Con lo afortunado que soy! No podría ver más con más claridad la Maravilla que soy en el Centro. No podría estar más seguro de que esto es lo más Elevado, lo Mejor, la Fuente, la Realidad misma. No podría estar más convencido de mi unión con Esto. Y sin embargo, la mayor parte del tiempo esta tremenda realización me deja frío, o al menos indiferente. En lugar de gozar de un éxtasis incesante, casi siempre me encuentro en un estado de ánimo grisáceo, cuando no directamente sombrío. ¿Por qué?

Planteemos la cuestión en términos tradicionales de la India. Si bien estoy colmado de *sat* (Ser) y de *chit* (Conciencia), en comparación ando un poco escaso de *ananda* (Dicha). Pero las escrituras amalgaman estos tres factores (*satchitananda)* en una especie de Santa Trinidad, un «3 en 1» indivisible. Entonces, ¿cómo puede ser que no me estremezca hasta la médula, que no me sienta permanentemente feliz y alborozado por mi increíble y totalmente inmerecida buena fortuna?

Si el público tuviese la amabilidad de asegurarse de que este libro se convierte en uno de los mayores *bestseller* de todos los tiempos, o si me recetasen un medicamento que me aliviase de forma infalible todos mis achaques y dolores, o si alguien se ofreciese a ponerse a mi servicio y convertirse en mi mayordomo, mi «persona para todo» por el resto de mi vida... Solo uno de estos dones mundanos y comparativamente triviales me excitaría más que todo el *sat* y el *chit* con los que ya cuento, y me transportaría a lo que, a buen seguro, sería el Cielo en la tierra. ¿Por qué? Repito, *¿por qué?*

Supongo que tú, mi querido compañero en el ver, te encuentras en la misma situación. Por así decirlo, vamos en el mismo barco, un trimarán sacudido por la tormenta con dos de sus tres cascos en condiciones de navegar, mientras que el tercero hace aguas por todas partes e incluso puede estar en peligro de desprenderse del resto. Pero albergo la esperanza de que la siguiente parábola nos indique cómo podemos llegar juntos a buen puerto.

Es una historia muy antigua que proviene de la Biblia. Sansón era muy especial en muchos aspectos. A su madre se le apareció un ángel para anunciarle que había concebido. Cuando se hizo mayor, el Espíritu del Señor descendió sobre él tan poderosamente que se convirtió en el héroe y el campeón de los israelitas en su guerra contra los filisteos. Pero al final, gracias a la traición de Dalila, su esposa, le capturaron, le sacaron los ojos y le obligaron a trabajar como esclavo en una rueda de molino. Entonces, un buen día, en la gran fiesta que los filisteos celebraban en honor a su dios Dagón, los gobernantes ordenaron que le llevasen al templo, donde se congregaron miles y miles de ciudadanos, para que pudieran burlarse de quien antaño fue su mayor flagelo y su más acérrimo enemigo.

¿Acaso es posible imaginar una situación más desesperada que la del pobre Sansón? Pero aún no había dicho su última palabra. Su última hazaña fue también su mayor victoria sobre los filisteos. Agarró las columnas gemelas sobre las que descansaba toda la superestructura del templo y, haciendo uso de su descomunal fuerza, las atrajo hacia sí, consiguiendo de este modo que todo el edificio cayese sobre sus perseguidores y, por supuesto, sobre sí mismo. ¿Te imaginas una forma más definitiva, más rápida y sumaria de acabar con sus problemas? ¿O que tuviese un mayor coste para él personalmente?

Ahora veamos la luz que arroja esta historia sobre nuestro problema y su solución. Para empezar, sugiere que he de replantear el problema en términos concretos, basarme en hechos reales, examinar la escena actual tan vívidamente como esa otra escena que tuvo lugar en Filistea hace unos tres mil años.

Aquí estoy, sentado en esta mesa, escribiendo estas palabras en el salón de mi casa de Nacton, Suffolk, Inglaterra. Está bastante bien construida y no hay peligro de que se derrumbe antes de tiempo. Sus paredes son sólidas, sustanciales y caen a plomo en vertical. (Si no lo fuesen, solo a mí habría que culparme, pues yo mismo diseñé y supervisé la construcción del edificio).

Hasta aquí todo bien, pero mi problema persiste. Aunque no es ni de lejos tan grave y dramático como el de Sansón, en esencia viene a ser el mismo. Los dos estamos faltos de alegría porque estamos cautivos en Filistea. Y por Filistea me refiero a ese territorio en el que todo está errado porque sus cimientos se hunden en ficciones idolátricas, en lugar de estar basados en la verdad que tan divinamente nos es dada (y que, sin duda, resulta tan obvia). De hecho, mi dirección, tal como la he expresado más arriba, está incompleta. Como todos los países que figuran en el mapa, Inglaterra es una provincia de Filistea. Pero este no es el lugar adecuado para considerar si en algún momento podría segregarse de esa siniestra Federación, sino el momento de examinar si tú y yo podemos liberarnos ahora mismo.

Sansón (bendito sea su destrozado corazón) nos muestra el camino. Así pues, vamos a agarrar los muros de la habitación en la que estamos sentados para, tirando de ellos hacia nosotros, derribarlos. Con la ayuda de este boceto, te mostraré cómo lo hago yo aquí, y después podrás hacerlo por ti mismo allá donde te encuentres.

Cerrando un ojo y girándome según sea necesario, prolongo hacia abajo cada línea vertical que veo. Usando el canto de este libro, o mejor aún, una regla o una varilla, como se indica en el dibujo, prolongo, por ejemplo, las esquinas de la habitación, las jambas de las puertas, los elementos verticales de los marcos de las ventanas, etc. Y así descubro que todas estas líneas supuestamente verticales y paralelas convergen en mí, que se encuentran en la región de mi corazón.

Ahora, por favor, repite el experimento en la habitación en la que te encuentras en este momento. No sé tú, pero en mi caso, cuando estaba en la escuela me dijeron que las líneas paralelas se encuentran en el infinito. ¡Tenían razón! ¡Yo soy ese Infinito! ¡Y tú también lo eres! ¡Y también lo fue (o mejor dicho, lo es) Sansón!

Para comprobarlo, señalemos a este centro magnético que tira de todas las líneas «verticales» y fijémonos en que, en efecto, es infinitamente profundo, continúa hacia atrás indefinidamente.

Estamos empezando a aplicar «la solución de Sansón» a nuestros problemas en Filistea, y no podría tratarse de una solución más drástica, más radical y más mortal. Todas esas verticales inofensivas, esos pilares del templo, se han convertido en armas letales. Esas líneas que antes sencillamente pasaban de largo cerca de mí se han transformado en flechas que apuntan hacia aquí, lanzas cuyo blanco, indefectiblemente, soy yo. La

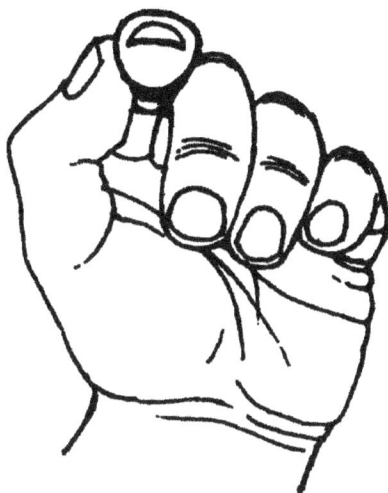

vida es muy pero que muy difícil. Cuando era pequeño solíamos cantar himnos que comenzaban diciendo: «Hay una tierra
feliz, muy, muy lejana, donde los santos se alzan en su gloria
todo, todo el día», o «Hay un hogar para los niños pequeños ahí
arriba, más allá del resplandeciente cielo azul». No teníamos
nada claro cómo llegar ahí, cómo alejarnos lo más posible de
este valle de lágrimas. Aunque nos hacíamos una idea. Lo que
podríamos llamar nuestra «geografía espiritual» era bastante
sólida. Sabíamos que no sirve de nada buscar la Felicidad aquí
abajo, porque la Felicidad es un país infinitamente distante, un
territorio que se halla al otro lado de la muerte. Y la razón por
la que no se nos permite entrar en ese Cielo tan dichoso y bienaventurado es que no pagamos el precio de admisión (ciertamente elevado) que pagó Sansón.

No es un precio que paguemos de una vez y para siempre. El
proceso de conquista de nuestra muerte, de nuestra infinita
bendición, es una realización que tiene lugar momento a momento y siempre se renueva a sí misma.

En cuanto a *ananda*, la felicidad que ilumina ese territorio
(el más distante y, sin embargo, el más cercano y querido de

todos los países), es el clima estable del lugar, una característica intrínseca absolutamente perfecta por siempre jamás, y no hay nada que tú o yo tengamos que hacer excepto someternos a ella y zambullirnos en su seno.

No intentaré describir cómo se siente. Solo diré que es lo opuesto a lo que suele considerarse felicidad en Filistea. Podríamos decir que se trata de una paz que está completamente despojada de toda emoción, de toda excitación, pero ninguna descripción se acerca a la experiencia.

Entonces, ¿qué podemos hacer para disfrutar de esta verdadera felicidad? Los siguientes factores combinados nos dan la respuesta: (1) Morir ahora mismo, justo en este momento, pues la muerte en realidad es la puerta siempre abierta que conduce a la vida eterna; junto con (2) el ejemplo de nuestro viejo y querido Sansón y las paredes inclinadas de la habitación en la que estás sentado en este preciso instante; además de (3) el dedo con el que apuntamos al lugar en el que estamos. Con todo eso... ¡Colapsas! ¡Te desmoronas! ¡Quedas destruido! ¡Te desplomas! ¡Te repliegas sobre ti mismo más y más y más! ¡Mira hacia dentro, hacia el lugar en el que verdaderamente estás, e inmediatamente quedarás reducido a la Nada que lo es Todo! Obra de este modo ¡y guíate solo por lo que veas! ¡Ese es el camino!

Posdata

Después de escribir este capítulo me he encontrado el siguiente pasaje en el libro *Los hermanos Karamazov*, de Dostoievski. Habla Ivan Karamazov:

> Hay filósofos que se atreven a imaginar incluso que dos líneas paralelas, las cuáles, según Euclides no pueden converger en la tierra, tal vez se encuentren en algún punto del infinito. [...] Tengo la convicción infantil de que los sufrimientos [del mundo] se curarán y se amortiguarán, que toda la ofensiva comedia de las contradicciones humanas desaparecerá como un espejismo lamentable, una mezcla vil de la mente eucli-

diana del hombre. [...] Y de que, en el fin del mundo, se reve-
lará algo tan precioso que será suficiente para todos los corazones. [...] Así pues, deja que las líneas paralelas se encuentren
ante mis propios ojos.

19

Gord: la historia de una relación de por vida

TODO COMENZÓ ANTES de lo que puedo recordar. Cuando al nacer abandoné la oscuridad del útero para salir al aire y la luz del sol, también nací a la más íntima y personal relación con Gord*.

1

Sí, Gord era su nombre. No sé por qué mi padre pronunciaba su nombre de esa manera. No se debía a que tuviese acento de Suffolk o de North Essex, pues no lo tenía. Los Hermanos de otras partes del país también le llamaban Gord. Puede que todos lo hiciésemos así porque, en inglés, *Gord* rima con *Lord* ('el Señor'), que era su otro nombre.

Sea como fuere, el Señor Gord era para mí como un tercer abuelo muy especial. Mi abuelo materno era bajito, tenía una barba sucia y polvorienta y era desagradable. Mi abuelo paterno era alto, llevaba un mostacho blanco que le hacía parecer una morsa y era bastante más amable y cariñoso. En cambio, mi tercer abuelo era gigantesco, tenía una larga barba blanca como la nieve, vivía en los Cielos, más allá del «resplandeciente cielo azul», y unas veces era cariñoso, otras hosco y arisco, y en ocasiones las dos cosas a la vez. Podría describir nuestra relación como profunda, pero también resultaba bastante difícil y exigente por ambas partes.

---

* 'Dios' en inglés es *God. (N. del T.)*

El problema no era que, a diferencia de los otros dos, Él estuviese tan lejos. Todo lo contrario. Era más bien que estaba sumamente cerca, que no nos dejaba solos ni un segundo. No, claro está, como un miembro ordinario de la familia, sino como su Jefe indiscutible, su Supervisor invisible y, por tanto, excepcionalmente intrusivo y curioso. Aunque su domicilio estaba en el Cielo, era en nuestro hogar donde se hospedaba siempre que estaba fuera de casa. No había manera de escapar de Gord. Todas las noches, los niños nos poníamos de rodillas y hablábamos con Él antes de meternos de un brinco en la cama. Todas las mañanas y todas las tardes mi padre hablaba con Él largo y tendido mientras que los demás, una vez más, nos hincábamos de rodillas. Se esperaba de nosotros que escuchásemos, que mantuviésemos los ojos cerrados y que nos estuviésemos quietecitos. Además de eso, mi padre también mantenía una pequeña charla con Él antes y después de cada comida.

Podrías pensar que con todo esto ya teníamos más que suficiente conversación con Gord al día, pero no debía ser así, pues todos los días salvo el domingo padre nos leía un capítulo diferente del Libro que Gord había escrito. Algunos capítulos eran emocionantes, estaban llenos de contiendas y rifirrafes o eran incluso sangrientos, pero la mayoría eran insoportablemente plomizos y aburridos. Presenciar la vergüenza y el apuro que pasaba padre cuando llegaba a las partes más escabrosas nos proporcionaba un ligero alivio ocasional, al igual que sus patéticos intentos de pronunciar los nombres en esos capítulos en los que había poco más que una interminable retahíla de ellos. Según pude concluir, lo que hacía que aquellos trabalenguas valiesen la pena era el hecho de que Gord los había escrito en su Libro Sagrado, lo cual era más que suficiente para que aquella jerigonza también fuese considerada santa.

Además de esta intensiva rutina diaria, también teníamos una ración muy especial de Gord los domingos. Bueno, al menos los adultos, que se comían trocitos de Él y se bebían su sangre (o eso decían), y mi padre estaba invariablemente al borde de las lágrimas mientras Él seguía hablando (en el libro) del increíble amor que contenía aquella pitanza. Todo esto, junto con otras muchas cosas memorables que lo acompañaron, yo lo aceptaba sin más, sin cuestionarlo ni entender una sola palabra. No era para eso. Yo lo sentía y lo absorbía en virtud de una especie de ósmosis. De un modo u otro, lo incorporaba inevitablemente, pasó a formar parte de mí y se convirtió en un aspecto esencial de lo que soy hoy día.

Pero no me quejo. Con lo que llevo dicho hasta ahora le he hecho parecer demasiado insistente y exigente, cuando lo cierto es que había algo realmente maravilloso, aunque por completo misterioso e indescriptible, en este abuelo mío celestial, algo que me calentaba por dentro, que me hacía querer respirar profundamente, lanzarme a correr tan rápido como podía y esbozar en secreto algo parecido a una sonrisa. Era como si Él fuese mi sol y mi luz. En ocasiones incluso me descubría a mí mismo amándole con todo mi ser, regresando a la seguridad de sus grandes brazos y dejándome caer en ellos.

El problema práctico era que con demasiada frecuencia se ponía de parte de mi madre, que se aliaba con ella contra mí, por ejemplo, en asuntos tales como leer la Biblia, los modales en la mesa, tener que quedarme tan quietecito que me pudieran ver pero no oír o la prohibición de jugar los domingos. Y, por supuesto, dado que la mitad de las cosas que yo quería hacer le importunaban a ella, también debían de contrariarle a Él. Y es que, a pesar de esta forma tan poco corriente de entrar en la vida, yo era en general un chico de lo más normal, es decir, travieso, y a veces muy travieso. Ciertamente perverso a los ojos de mi madre (y de Gord, por supuesto), y en claro peligro de acabar en el infierno. La segunda venida del Señor Gord ya llevaba muchísimo retraso, por lo que podía producirse en cualquier momento. Para entonces todos sus amigos, la gente buena que se hubiese salvado, se unirían a Él en las nubes y subirían al Cielo, mientras que todos sus enemigos, los inicuos, depravados y perdidos (incluyéndome a mí) quedarían abandonados en la tierra y descenderían hasta lo más profundo de los infiernos, donde serían quemados vivos por los siglos de los

siglos. Y, efectivamente, un día, al llegar a casa de la escuela
más pronto de lo esperado, no pude encontrar a mis padres. No
había ni rastro de ellos por ningún sitio. Mi reacción instantánea fue la de pensar «El Señor se los ha llevado al Cielo y a mí
me ha dejado aquí, así que estoy condenado al infierno por
siempre jamás». Ahora, más de ochenta años después, sigo
recordando claramente el terror que sentí. ¡Esas llamas eternas!
¿Serían menos angustiosas porque, según mi querido padre,
eran la forma que nuestra separación de Él adoptó aquí abajo?
Sin duda, una separación intencionada.

Esa fue (más para bien que para mal, diría yo) la relación
que tuve con Él en la infancia, su fundamento. Pero, como es
natural, a medida que el niño fue creciendo la relación también
fue madurando. A los diecisiete logré persuadirme a mí mismo
de que había sido «salvado» y comencé a participar en esas
refacciones que el Señor reservaba para su pueblo. Pero no pasó
mucho tiempo antes de que mi salvación demostrase ser la-
mentablemente deficiente. Comencé a sufrir una doble incapacidad cada vez más acuciante: por un lado, la incapacidad de
creer todo lo que me contaron sobre Gord, y, por otro, la de
hacer todo lo que Él me decía que hiciese. Estaba lleno de dudas
y de sentimientos de culpabilidad, pero las primeras me ayuda-
ron a sobrellevar los segundos. La tensión fue en aumento, así
que alguna parte de la balanza tenía que ceder...

2

Y así fue. A los veintiún años apostaté de la Hermandad y
me convertí, no en un no creyente, ni tan siquiera en un agnóstico, sino en lo que podríamos llamar un gnóstico a medias.
Tanto Él como yo, al adentrarnos en la segunda fase de nuestra
relación, sufrimos un cambio radical. El hecho de que me fuese
a vivir a otra parte y comenzase a asistir a la universidad (y,
dicho sea de paso, que fuese al cine y al teatro por primera vez
en mi vida) supuso una enorme diferencia para mí, mientras
que, por su parte, su cambio de nombre (de Gord a Atman,

Brahman, Buda, Tao, Dios, Alá, etc.) junto con su cambio del rol (de ser mi abuelo a convertirse en un pariente lejano) supuso una gran diferencia para Él. A partir de entonces, como corresponde a los parientes lejanos, intercambiamos postales de Navidad, por así decirlo, y ciertamente nunca le olvidé más de lo que Él me olvidó a mí. Fue como si se hubiese vaporizado, como si se hubiese diluido, pero sin quedar abolido en modo alguno.

A la par que su proceso de desmaterialización se produjo también el proceso contrario mediante el cual yo me solidificaba e individualizaba más y más, con el resultado de que progresivamente nos fuimos alejando. Dejó de ser el tipo de persona con la que uno habla o sobre la que descargar todos nuestros problemas. Por aquel entonces pensaba que me las podía arreglar perfectamente bien sin Él («te agradezco el ofrecimiento, pero no, gracias»). Y así pasó a parecerse más bien a algo así como un impreciso y nebuloso tío australiano con el que había que seguir manteniendo un cierto contacto, no fuese a ser que algún día me dejase una fortuna. Pero, por supuesto, no resultó de esa manera.

3

Ya sea por la desdicha y la soledad de mi vida sin Él, por la atracción inexorable de mi apego infantil a Él o por su gracia y su bondad amorosa, a los treinta y dos años me sentí repentinamente impulsado a buscarle con todo mi corazón y entrega. Esta vez no en los Cielos que se encontraban «más allá del resplandeciente cielo azul», ni en salas de congregaciones, monasterios o templos, sino en mi propio corazón, en lo más profundo de mi ser, pues aquí era donde los sabios que más respeto me merecían (independientemente de a qué tradición perteneciesen) me aconsejaban que le buscase. Además, la posibilidad de que su morada estuviese más cerca de mí que mi hogar físico, o que de hecho fuese mi verdadero y eterno Hogar, me atraía con fuerza.

Así que le busqué en mi corazón, y de inmediato, sin la más mínima dificultad o dilación, le encontré. Todo este tiempo me había estado esperando pacientemente aquí, en mi centro, suplicando que me fijase en Él. Entusiasmado, se mostró ante mí como ultraobvio, inmenso, inmaculado, omniinclusivo, no nacido, eterno, inmóvil y completamente despierto a sí mismo. Como todo esto y mucho más, más allá de toda duda. Le vi mucho más claramente que cualquier otra cosa, como la Claridad misma. Él estaba dentro, mientras que Douglas Harding estaba afuera, era periférico. Él era mi Sol, mi Luz y mi Calidez, mi Rey, mi Cura, mi Inmensidad, mi Vida, mi Yo. O mejor dicho, era más yo que yo mismo. Se entregó a mí por completo, de una manera tan total que nunca jamás podría perderle.

Ahora tenía que hacer tres cosas: seguir volviendo a esta visión multifacética pero perfectamente simple de Él en mí y como yo hasta que deviniese constante; entregarle el funcionamiento de mi vida tanto en global como en los más mínimos detalles; y compartir con un mundo ciego y plagado de padecimientos este «abre-Ojo» que me había confiado.

¡Un programa bastante completo y ambicioso, de eso no hay duda! De hecho, pudiera parecer imposible de cumplir, y ciertamente más que suficiente para mantenerme ocupado en esta tercera (y, con mucha diferencia, la más larga) fase de mi relación con Él.

¿Hasta qué punto puedo decir que haya tenido éxito? Bueno, poco a poco fui avanzando, lento pero seguro. Tras unos años de práctica, dejé de vivir una vida excéntrica mirando hacia dentro, hacia mi yo superficial, y comencé a vivir una vida centrada mirando hacia fuera, hacia el exterior, desde mi ser más profundo, que no es otro que Él. La prueba de que este cambio realmente se había producido fue el sorprendente hecho de que ya no sentía que los demás me estuviesen examinando. Parecía que, junto con Él, había asumido también su invisibilidad. ¡Lo cual supuso un alivio inmenso y una gran ventaja! Otra prueba que confirmaba el cambio provenía del hecho igualmente sorprendente de que me encontraba a mí mismo mirando a través de su propio e inmenso Ojo Único al mundo (desde los postes de telégrafo hasta las montañas, las estrellas y las galaxias) que Él pone en movimiento desde su (y mi) perfecta quietud. Hasta aquí todo bien.

Mucho menos exitoso fue mi intento, siempre renovado, de dejar a un lado mi voluntad y adoptar la suya. Aún seguían quedando indicios de ese antiquísimo problema: que con demasiada frecuencia Él seguía posicionándose «de parte de mi madre». El cambio no fue demasiado difícil cuando se trataba de cosas pequeñas, como decirle «Sí» a una indigestión, a los topos que destrozaban mi jardín o a una factura desmesuradamente elevada del fontanero, pero ciertamente fue de lo más complicado cuando concernía a cuestiones de gran calado, como decirle «Sí» a las múltiples y cada vez más notorias minusvalías que conlleva ser un humano que envejece. A este respecto he de reconocer un fracaso atroz y casi total. Y tampoco tuve éxito a la hora de sentirme tan ligero, resplandeciente y dichoso como creía que debía sentirme, habida cuenta de que tenía por Invitado a este «Mucho más que un invitado» y por Amigo a este «Mucho más que un amigo».

En cuanto a mi sempiterno intento de compartir la gran visión con los demás, de idear maneras de mostrarles la maravilla que son, de conseguir que se interesasen por ellos mismos (ya no digamos por Él), nuevamente me veo en la obligación de informar de una buena dosis de fracaso. Todo éxito que pueda haber tenido se ha debido precisamente al hecho de abandonar cualquier idea de éxito y pasarle el trabajo a Aquel cuyas obras fructifican en su propio tiempo y a su propio modo.

Y así es como funciona. La vida con Él en mi centro es radicalmente diferente de la vida con Él ahí, a esa gran distancia, y ciertamente de la vida sin Él. Podría decirse que es una vida llena de significado, aunque en modo alguno exenta de problemas. Tal vez una buena manera de sintetizarlo sería definirlo como un ejercicio repetido interminablemente que consiste en regresar de «yo ahí» a «Él aquí», de yo como yo que no soy nada a yo como Él, que es Todo.

Ha sido suficiente para mantenerme ocupado durante el último medio siglo, más o menos. Sin embargo, para mi sorpresa (y tal vez también para la tuya), este no es el final de mi historia, pues hay un epílogo de suma importancia. Mi relación con Él entra en su cuarta fase, una fase que se solapa en gran medida con la tercera al tiempo que contrasta marcadamente con ella.

4

Lo asombroso de esta fase de la aventura espiritual es que se interpreta como una derrota, como la pérdida de todos los logros que tanto nos ha costado conseguir a lo largo de todos esos largos años de esfuerzo espiritual. Llamarlo desengaño sería quedarse muy corto. Ahora tengo que afrontar el hecho de que el objetivo de «unirme con Él en mi centro» (dejando a un lado la cuestión de si es o no alcanzable) no es suficiente. Entonces, ¿qué falta? ¿Qué podría faltarme si yo ya le tengo a Él?

En realidad, el problema es evidente. Esas cinco palabras, «yo le tengo a Él», lo dicen todo. Con eso, todo el juego se derrumba. Lo que he estado haciendo todo este tiempo ha sido perseguirle como si fuese la más rara y más hermosa de las mariposas, con la intención de capturarle con mi red, fijarle con un alfiler y colgarlo al frente de mi colección espiritual para poder mostrarlo. Ciertamente presuntuoso, ¿verdad?

Tampoco es que tuviese ninguna otra opción. Esta ardua persecución ha sido mi auténtica misión a lo largo de la tercera (e indispensable) fase de mi relación con él. Y su verdadera misión ha sido escapar, lo que, por supuesto, siempre consigue. ¡Y no es de extrañar! De acuerdo, le tengo en mi centro, pero debo señalar que, cuando lo someto a una cuidadosa inspección, este centro explota hasta el infinito, de modo que Él tiene todo el espacio del mundo para escapar. La verdad es que, por su propia naturaleza, es algo que por mucho que persigamos, no se puede atrapar. Por eso san Juan de la Cruz nos advierte:

Nunca olvides que Dios es inaccesible. Por tanto, no preguntes cómo puedes comprenderlo. Guárdate de contentarte con muy poco y privarte de la agilidad que se requiere para poder acercarse a Él.

(Los cazadores de mariposas han de ser ágiles). En otro pasaje, san Juan ahonda en la paradoja:

Uno de los mayores favores otorgados transitoriamente al alma en esta vida es permitirle ver con gran claridad y sentir con gran profundidad que no puede comprender a Dios en absoluto. Llegados a este punto, estas almas son algo así como los santos del Cielo, donde aquellos que lo conocen más perfectamente son quienes más claramente perciben que Él es infinitamente incomprensible. Quienes no gozan de una visión tan clara no son capaces de discernir hasta qué punto Él trasciende su visión.

Otros maestros promulgan el mismo mensaje. Por ejemplo, Eckhart: «Cuanto más está Dios en todas las cosas, más fuera de ellas está».

¿Cómo podemos tú y yo protegernos de realizar cualquier esfuerzo por doblegarle, domesticarle, ponderarle y llegar a algún tipo de acuerdo con Él? Bueno, solo conozco tres maneras. Primero, nunca olvides que Él es el Gran Autooriginador, que cuenta con la imposible capacidad de producir el Ser a partir del No-ser, de inventarse a sí mismo a partir de la nada más absoluta (y, junto con Él, a todo lo demás, incluidos tú y yo). ¡A ver quién es el valiente que se atreve a intentar domesticar eso! La segunda forma de dejar ir a este Dios-Mariposa es ser consciente de que no cuentas con ninguna red de mariposas, que no posees ningún contenedor aquí que pudiese albergar absolutamente nada, y mucho menos a Él. Y la tercera forma es recordar que, en verdad, solo Él asciende hasta el Todo porque solo Él se hunde hasta la Nada. Cuando nos negamos a nosotros mismos humanamente es para promovernos espiritualmente. Por así decirlo, descendemos para subir, mientras que Él desciende para descender. Solo Él es lo suficientemente grande como para ser tan humilde en nuestro nombre. Lo cual constituye otro aspecto de esa «imposible» capacidad suya.

Bueno, la relación que he tenido con Gord, alias Dios, ha sido de lo más peculiar y divertida, así como de lo más íntima y profunda. Empezó siendo un abuelito mandón pero adorable con el que poder hablar, luego se convirtió en un vasto océano interior que explorar y en el que zambullirse, y ha terminado siendo una hermosa mariposa, un fuego fatuo al que perseguir infructuosamente.

Una vez más, no me quejo. Siguiendo el ejemplo del hombre que dijo que no valdría la pena pertenecer a un club que le aceptase a él como miembro, afirmo que una Deidad que pudiese ser entendida y aprehendida no merecería el esfuerzo. Y sin embargo, mi necesidad de Él es tanta que no puedo dejar de tratar de tenerle. ¿Cómo le tengo? Como Aquel que siempre se me escapa, pero no antes de susurrarme al oído: «Y así es como Yo (Yo, que he sido creado a tu imagen y semejanza tanto como tú lo has sido a la mía) me tengo a Mí Mismo».

20

Pinturas en una casa de baños

Los ves mirando, pero son
como pinturas en una casa de baños.
No son ellos quienes ven.
La forma aparece, Oh adorador de las formas,
como si esos dos ojos muertos estuviesen mirando.

Jalalu'ddin Rumi

POR «PINTURAS EN UNA CASA DE BAÑOS» Rumi se refiere a grafitis, no a imágenes decorativas propiamente dichas, y es que en el islam las representaciones de la forma humana estaban prohibidas, ya que se consideraba que podían conducir fácilmente de la adoración del Dios Único a la adoración de muchos dioses, a todo tipo de idolatrías. Por eso hoy en día vemos que las mezquitas y las tumbas están decoradas con arabescos, con formas abstractas o patrones derivados de las plantas.

En este capítulo analizaremos si el gran Rumi tenía razón al insistir en dos cosas: primero, que los ojos no ven; y segundo, que es importante ver (ser consciente de) que no ven, exorcizarlos, por así decirlo. ¿Es cierto que tenemos que expulsar de ellos los duendecillos que rondan o parecen rondar no solo en las imágenes y esculturas de personas, no solo en nuestro propio reflejo en los espejos, sino también en los ojos y en las caras de todos aquellos con quienes nos encontramos? Y en ese caso, ¿de qué manera podemos abordar este asunto necesario pero difícil del exorcismo supremo?

¿Pero es necesario? —muy bien podrías preguntar—. ¿Es posible que no fuese más que el vuelo extravagante y caprichoso de la imaginación de Rumi el poeta, en lugar de una advertencia de Rumi el sabio? ¡No! Otros sufíes estaban igualmente seguros de ello, y algunos fueron incluso más radicales. Tomemos por ejemplo a Bayazid de Bistún: «Miré y vi que todas las cosas creadas están muertas. Pronuncié cuatro *akbirs* en su honor y regresé del funeral de todos ellos. Y así, sin la intromisión de las criaturas y gracias únicamente a la ayuda de Dios, alcancé a la Divinidad».

Esta actitud tipo basilisco hacia nuestros semejantes no se limita a los musulmanes, quienes tan celosos se muestran de protegerse contra la idolatría. Por ejemplo, el budismo zen nos dice: «Solo cuando no encuentres cosas en la conciencia ni conciencia en las cosas estarás vacío y serás espiritual, sin forma y maravilloso» (Po-shan). O también: «Allá donde habitan los demás no habito yo, donde los otros van, yo no voy. Esto no significa que me niegue a relacionarme con otras personas, sino que hay que distinguir claramente el blanco y el negro» (Pai-yun). En cuanto al cristianismo, san Pablo considera a sus discípulos colosenses como muertos, así como que su vida está escondida con Cristo en Dios. Todo esto es muy distinto en estilo y vocabulario al modo de expresarse de Rumi, por supuesto, pero contiene la misma sustancia y el mismo propósito. Y también, como veremos enseguida, existen ecos vigorosos de esta idea en el advaita vedanta, si bien, de nuevo, envueltos en su propia jerga vernácula. Ahora bien, cuando constatamos que las grandes tradiciones espirituales están de acuerdo en algo, sin importar lo extraño o difícil que pueda parecer, y se toman tantas molestias para dejarlo claro, podemos estar seguros de que sería una grave imprudencia desdeñarlo sin más.

Esto resulta especialmente cierto cuando, además, ese algo aparece con fuerza en nuestros propios experimentos o ejercicios espirituales, por ejemplo en el «experimento del túnel», el cual veremos a continuación. Pero antes he de advertirte que limitarse a leerlo no sirve de nada; tienes que hacer lo que digo.

Construye un tubo de papel de unos 15 centímetros de diámetro y unos 25 centímetros de largo. Pon la cara en uno de sus extremos y sostenlo de forma que el otro quede apoyado en el espejo del baño. Y ahora observa cómo lo que ves, todo lo que está contenido en el tubo, ha gravitado hasta el extremo distante; y cómo aquello que ve, toda la conciencia que hay en el tubo, ha gravitado hasta el extremo cercano, hasta tu lado del tubo.

Esto supone una doble descontaminación: ese extremo queda limpio de fantasmas, de espíritus y de toda conciencia en general, mientras que este otro extremo queda limpio de materia o de cualquier tipo de sustancia.

Ahora repite el experimento pero esta vez con la cara de un amigo en el otro extremo del tubo en lugar de la tuya. ¿Observas resultados similares?

Lo que has visto en el tubo, ¿es diferente cuando sales de él? Yo diría que ya no necesitas el tubo para ver lo que vieron los grandes veedores, es decir, que la Conciencia pertenece solo al Sujeto (el cual, en última instancia, no es otro que el Sujeto Indivisible y Suprapersonal que tanto tú como yo realmente somos) y jamás a sus objetos como tales.

Para verificar que esto es así tan solo tienes que mirar y asegurarte de que la Claridad desde la que (o con la que) estás viendo ahora mismo esta hoja impresa es lo suficientemente grande e impersonal y está lo suficientemente despierta como para constituir también la realidad interna de todos los seres, al tiempo que ninguno de ellos puede reclamarla como su propiedad personal.

Ahora bien, me da la impresión de que cuando estamos llevando a cabo este experimento del túnel, y más importante aún, cuando vivimos lo mejor que podemos a la luz de lo que aprendemos con él, corremos el riesgo de descuidar lo que se da ahí, en el objeto, en favor de lo que se da aquí, en el Sujeto. Se nos da bastante mejor descosificar a este sujeto de aquí que exorcizar ese objeto de ahí. Por así decirlo, nos aseguramos de equilibrar los riesgos, nos acomodamos, transigimos. No toda la conciencia del mundo está recogida en esta Conciencia que está presente justo aquí y ahora. Queda fuera suficiente para acechar o perseguir de algún modo las caras y los ojos que nos confrontan. En conclusión, en cierto grado seguimos siendo idólatras, politeístas.

Las consecuencias de este incómodo compromiso son de dos tipos. Por un lado, seguimos siendo conscientes de nosotros mismos en lugar de ser Autoconscientes (es decir, conscientes de nuestro verdadero Ser). Cuando estamos en compañía, aún tendemos a sentir que nos están inspeccionando, somos incapaces de mirar cómodamente a esos otros ojos aparentemente críticos, y esto inhibe el comportamiento espontáneo, libre y fluido que exigen las particularidades de cada ocasión. Al ser torpes y antinaturales las situaciones comprometidas surgen como champiñones. Si bien puede ser cierto que nuestra práctica de la ausencia de cara nos haya curado en gran parte de la vergüenza, el pudor y la timidez que nos produce tener un rostro, quedan remanentes de la misma que nos seguirán angustiando hasta que dejemos de atribuir la vista a los ojos.

La segunda consecuencia de nuestro fracaso parcial a la hora de aprovechar y seguir hasta sus últimas consecuencias los descubrimientos que hemos hecho en el tubo es que la Conciencia Una de este extremo queda reducida a menos de lo que en realidad es; reducida por todas esas pequeñas conciencias que de manera tan despreocupada le robamos al Uno y que tan libremente entregamos a «los muchos», con el resultado inevitable de que dejamos de confiar en el Uno que ha dejado de ser Uno, en nuestra Fuente, en nuestro Recurso ahora desvalijado. ¿Cómo puedo abandonar todo mi ser en favor de alguien que no está del todo completo, disfrutar de la unión perfecta con alguien que no está perfectamente unificado (que, por así decirlo, «no está del todo ahí») o ser sanado por alguien que se conforma con tan solo un mínimo de salud?

El resultado combinado de estos dos errores de atención es que reducimos a Dios a menos de lo que es y encumbramos a sus criaturas a mucho más de lo que son, lo que equivale a inyectarles grandes dosis de maldad y perversidad. Asumámoslo: las «conciencias» separadas de su Fuente Divina dejan de ser divinas. ¡Y de qué manera! Recuerdo un acuciante problema que tenía de pequeño. Me obligaban a usar un cuenco en cuyo fondo estaban inscritas las palabras «Tú, oh Dios, me ves» junto a un enorme OJO que me miraba fijamente. ¡Qué pocas ganas tenía siempre de terminarme la leche con avena y dejar así al descubierto ese engendro diabólico!

Atribuir la vista a los ojos no es solo idolátrico, limitante y aterrador, sino que además va en contra de la ciencia.

En resumen, lo que nos dice la ciencia sobre la visión (pongamos por caso, sobre cómo yo te veo a ti) es un proceso cósmico que se da en ocho etapas, un descenso jerárquico en ocho pasos:

Los rayos de luz provenientes de nuestra galaxia (1), y en particular de nuestro sol (2), después de filtrarse a través de la atmósfera de la tierra (3), rebotan en ti (4) y forman dos imágenes invertidas de ti en la pantalla que hay en la parte posterior de mis globos oculares. Los cambios resultantes en las células sensibles a la luz (5) que componen dicha pantalla se

transmiten a las moléculas (6) de la sustancia química (rodop-
sina) en la que estas células están inmersas. Posteriormente, la
información se transmite a lo largo de los nervios ópticos y
llega a una región especial del cerebro donde es recogida por
sus átomos (7) y sus partículas (8). Más allá de estas, envuelto
en un misterio absoluto, se encuentra la Última Parada, y para
que pueda verte la imagen ha de llegar hasta aquí.

Hasta ahí en cuanto a lo que la ciencia nos dice sobre cómo
te veo. Ahora, permíteme traducirlo al lenguaje de este libro.
Solo Dios ve. Solo Dios, que es a la vez Nada en la base, en el
centro de su jerarquía cósmica, y Todas-las-cosas en su cumbre
y en su circunferencia, es quien realmente ve cualquiera de esas
cosas. Ver es su función. Atribuir esta visión a los ojos y a las
personas que nos miran es una superstición propia de épocas
muy anteriores a la era científica. También supone que nos
apeguemos a las personas mediante vínculos basados en el
agrado o el desagrado, en lo que nos gusta y lo que no, en la
ansiedad y el miedo, en la dependencia y la necesidad de domi-
nar, etc. Por el contrario, dejar de atribuirles esta visión equivale a romper esos vínculos y alcanzar el desapego que tanto
ensalzan y del que tanto hablan los sabios.

A este respecto, el sabio taoísta Chuang-Tzu sale a colación
con la metáfora perfecta. Supón que estás navegando en el mar
en un pequeño bote y otra embarcación de pequeño tamaño
viene directa hacia ti hasta que está a punto de colisionar contigo. Furioso con su imprudente y descuidado capitán, empiezas
a soltar todo tipo de juramentos y maldiciones sobre él. En
cambio, si no hay nadie en el bote, permaneces inalterado y en
calma. Y luego (añado yo de mi propia cosecha), si eres sensato,
cogerás ese bote, te lo llevarás a remolque y te quedarás con él
como compensación.

Pero en este terreno nos topamos con ciertas dificultades.
Podríamos preguntarnos qué pasa con el amor. ¿Qué hay del
apego o el aferramiento que se niega a reducir a los seres queridos a meros botes sin marinero, como si no fuesen más que
siluetas recortadas en cartón? ¿Acaso hay algo de malo en este

rechazo o, ¡por el amor de Dios!, tiene algo de bueno prescindir del amor? De hecho, a primera vista, encontramos aquí una de las mayores contradicciones de las grandes tradiciones espirituales. Tomemos como ejemplo los siguientes pasajes. «Aunque hablo las lenguas de los hombres y de los ángeles», dice san Pablo, «y no tengo amor, me he vuelto como el bronce y el címbalo tintineante». Y no hay duda de que el Sermón de la Montaña, entregado por el Señor y Maestro de Pablo, constituía una súplica suprema en pos del amor incondicional, el amor al prójimo, a nuestros enemigos, a quienes nos causan padecimientos. Sin embargo, dicho sermón se apresura a lanzarnos esta advertencia: «Si un hombre viene a mí y no odia a su padre, a su madre, a su esposa, a sus hijos, a sus hermanos, a sus hermanas [...] no podrá ser mi discípulo». Y muchos de sus discípulos han seguido esa admonición al pie de la letra. La beata Ángela de Foligno, por ejemplo, si bien era una mística muy dotada, no dudó en anunciar alegremente:

> En ese momento, por voluntad de Dios, murió mi madre, quien había supuesto un gran obstáculo para mí a la hora de seguir el camino de Dios. Poco después también murieron mi esposo y mis hijos. Y dado que había comenzado a seguir ese camino y le había rezado a Dios para que me librase de ellos, sus muertes me aportaron un gran consuelo.

Incluso un guía espiritual tan moderado y humano como Jean-Pierre de Caussade escribe a uno de sus feligreses:

> Permíteme que te revele con toda sinceridad un temor que tengo respecto a ti. En mi opinión, los contactos demasiado frecuentes que mantienes con tus muchos parientes y otras personas en el mundo constituyen un obstáculo para tu avance. [...] No he de recordarte hasta qué punto esa trampa casi lleva al desastre a santa Teresa.

Como es evidente, nos encontramos ante un serio dilema, un problema práctico que exige una resolución. Y tampoco es un problema que se limite tan solo al ámbito individual. No hay más que fijarse en la India y el hinduismo para ver cuán trascendentales y profundas pueden ser sus consecuencias sociales. Los antiguos sabios de los Upanishads realizaron el asombroso descubrimiento de que solo Dios ve, y que Él, el Único, es Quien realmente es. En cuanto a los otros, ¡no existe ningún «otros»! Y, en la medida en que existen, sus desgracias son el resultado inevitable de su ignorancia y del mal comportamiento que tuvieron en vidas pasadas, es decir, de su karma negativo. Con este marco conceptual no debiera sorprendernos que esta sabiduría haya derivado en una actitud de pura indiferencia ante la difícil situación de los pobres y los enfermos de la India. Así pues, hemos de preguntarnos qué ha fallado, qué le falta a esa sabiduría para que haya acabado siendo tan insensible con la sociedad, tan indiferente, tan insensata.

Hay una solución para nuestro problema, y es la siguiente. Por citar de nuevo al propio Jesucristo: «Conoced la verdad y esta os hará libres». Y la verdad en este caso es que mientras que todos los ojos que has visto, ves o verás están ciegos, ninguno de sus propietarios lo está, pues todos ellos ven con el Ojo Único de Aquel que ve. Una vez más, la verdad es que mientras que todas las criaturas están, en sí mismas, muertas, en el Dios eterno viven para siempre. Él está presente en ellas como su conciencia, su ser, su vida. ¿Y qué es a fin de cuentas esa despiadada reducción de nuestros vecinos a menos que una pintura de una casa de baños, esa manera tan airosa y risueña de liquidar a nuestros seres más cercanos y queridos? Es nuestro rechazo directo a detenernos antes de haber alcanzado ese Centro Divino en el que todos quedamos reducidos a absolutamente Nada, convirtiéndonos de ese modo en uno con el Uno que es Todo, el Uno que en verdad es Amor.

21

El señor Smith va al Cielo

EL SEÑOR SMITH MUERE y va al cielo, donde humildemente le pide un favor a san Pedro. Le estaría muy agradecido si, a la mayor brevedad, pudiese ser recibido por Dios. Su solicitud es concedida y esta es la conversación que tuvo lugar en ese encuentro:

Sr. Smith: He sido un fervoroso creyente durante toda la vida, un súbdito leal y devoto de su Divina Majestad.

Dios: Muchas gracias, señor Smith.

S: A menudo he pensado en lo maravilloso que debe ser estar en vuestra piel.

D: Sí, claro. Es fantástico. Yo mismo no salgo de mi asombro.

S: ¡No puedo ni imaginar cómo es ser el Ser que necesariamente ha de ser, el Respaldo necesario que subyace detrás de todo, la plataforma de lanzamiento que ya ha de estar en su lugar antes de que cualquiera de nosotros pueda salir lanzado a la existencia!

D: ¿Dice usted que he de ser necesariamente? ¿Le importaría explicarme a qué se refiere, por favor?

S: Bueno, si hay algo seguro, un *fait accompli*, un hecho consumado, una Línea de Fondo, una base segura sobre la que apoyarse, sois Vos, mi Señor, que sois el Ser mismo.

D: ¿Quiere decir que soy inevitable, la única conclusión imprescindibe e ineludible? ¿Que hasta que yo no estoy garantizado nada lo está?

S: Precisamente, su Majestad. El Ser ha de ser.

D: Bueno, tengo que decirle que no me reconozco demasiado en esa descripción, señor Smith.

S: Pero Vos sois quien posee la llave del más profundo sótano del mundo, quien garantiza la seguridad eterna, la solidez y la certeza de la Roca Basal del Ser sobre la que construís la imponente estructura de vuestro universo.

D: Siento decepcionarle, señor Smith, pero yo no poseo esa llave. De hecho, ni tan siquiera estoy muy seguro del fundamento que dice que aseguro.

S: ¿Cómo? ¡Pero eso es horrible! ¡No me digáis que Vos, que sois el Ser mismo, os tambaleáis en vuestro propio terreno, que estáis inseguro de vuestros propios cimientos, ignorante de vuestro propio origen y razón de ser!

D: Bueno, no hay por qué enojarse. No creo que haya mucho riesgo de que el Ser se detenga, o de que su Roca Basal empiece a bambolearse, o de mi propia muerte prematura. Sin embargo, señor Smith, eso no significa que yo tenga que ser necesariamente, no más de lo que usted ha de ser.

S: Estoy estupefacto.

D: Yo también. Y la razón por la que mi «llegar a ser» me deja tan desconcertado es muy simple. Para romper el cascarón, para hacerme ocurrir a mí mismo, para iniciar y supervisar mi propia aparición y mi propio despertar de la larga noche de la nada, tendría que haber estado ahí de antemano, tendría que haber estado en ese lugar antes de que hubiese lugar alguno en el que estar, tendría que estar ahí antes que yo mismo, ahí antes de estar ahí, presente mientras aún estaba ausente. Y eso es una pirueta y una contorsión que ni yo mismo (¡menos mal!) soy capaz de realizar.

S: ¡Y yo que creía que erais todopoderoso y omnisciente! Tal impotencia e ignorancia en la cumbre más elevada que pueda existir (¿o tal vez debería decir en la más profunda sima?) debe de entristeceros y haceros sentir humillado. Por no mencionar el riesgo que corréis de ser acusado con falsas pretensiones por Vos mismo....

D: Siga, siga, señor Smith

S: Estoy completamente horrorizado. Apenas sé si he de temeos, sentirme amargamente decepcionado con Vos o compadecerme de su Majestad.

D: Al menos su piedad, señor Smith, está fuera de lugar. Me encanta ser como soy. Ser el Gran Improbable me llena de emoción y fascinación. Corrijo: Ser el Gran Imposible es lo que me produce una clase muy especial de dicha y alegría. Y no puedo pensar en ningún estado más triste, más aburrido, más muerto que su Ser tan seguro, su «hecho consumado», su Ser que «necesariamente ha de ser». Odiaría ser un Ser que pudiera sacarse fotografías instantáneas de sí mismo desde todos los ángulos posibles, que se tuviese perfectamente medido y estudiado a sí mismo, que estuviese ahí siempre, en el desayuno, la comida y la cena. Así no habría misterio, no habría magia, maravilla, milagros en el corazón palpitante del mundo, sino un corazón roto, ¡un paro cardíaco en toda regla! ¡Guárdese su lástima, señor Smith, por este paciente!

S: Hay una cosa que obligatoriamente habéis de ser, y es el Ser. Creo en la existencia de una Roca Basal a la que ninguno de vuestros cartuchos de dinamita ateos podría siquiera hacer cosquillas, ni mucho menos hacer saltar por los aires. Y ciertamente no creo en un Dios ateo que parece tan ansioso por encender la mecha.

D: No se impaciente, señor Smith. Déjeme explicarle. En realidad no debería haber nada en absoluto, ni conciencia, ni Dios, ni señor Smith, ni siquiera el más mínimo grano de arena, el más leve suspiro. El hecho de que todo esto haya llegado a ser, de que yo mismo apareciese de ninguna parte y de ningún momento, es sorprendente pero deliciosamente *antinatural*, va contra todo pronóstico, contra todas las probabilidades que se puedan concebir. Y, sin embargo, sucede, ¡y con qué garbo y facilidad, con qué brío y vigor! Es posible que esta corona mía (inmerecida, según su opinión) le haya impedido darse cuenta de que mi cabello está permanentemente erizado de asombro y gratitud (¿hacia quién?) por mi propia salida a escena, sin ayuda externa y sin motivo alguno.

S: Entonces, ¿quién sois? Casi digo «¿Quién demonios sois?

D: Buena pregunta. Podrías llamarme «el Ser que no debería ser». O, como yo prefiero con diferencia, el Dios que no es Dios, el Alguien que no es nadie, que es Nada, en agudo contraste con ese otro pseudo-Dios que es solo Dios, con ese engreído Ser que nunca se digna a bajarse de su pedestal y chapotear en las cristalinas aguas del No-ser que fluyen en su base.

S: ¿En serio me estáis pidiendo que crea en un Dios que no cree en sí mismo, que es incapaz de estar a la altura de su propia divinidad? ¿Esperáis que me incline ante una deidad lisiada, que sufre una deficiencia fatal?

D: Bueno, lo que usted interpreta como una deficiencia, un defecto, una tara o una debilidad, para mí es un talento natural, la Maravilla que hace que todo sea maravilloso. Cuando, por otro lado, usted establece un Algo manejable, ordenado, coherente y autoconsistente como la Fuente de todo, falta un ingrediente vital en todo lo que emana de ella, en todo lo que produce: una frescura matutina, un candor y una libertad, un resplandor, una música y un perfume. El único aroma que desprende es el rancio olor corporal de esa Fuente tan cavilosa y poco interesante. Yo le exhorto a que descubra, en su trasfondo y en el de todas las cosas, esa Nada liviana, ligera y absolutamente transparente de la que todas las cosas surgen ininterrumpidamente, y así tendrá en sus manos ese ingrediente vital en toda su plenitud. La verdad es que esta fábrica llamada Nada no solo produce y comercializa todo al por mayor, sino que además refuerza hasta el más mínimo de sus productos minoristas con su propio toque especial. Le estoy invitando, señor Smith, a compartir mi asombro y la alegría que todo esto conlleva.

S: Tenéis en muy alta estima esta Nada, ¿verdad? Bueno, yo no. Para mí, Nada es nada, una pérdida, una nulidad, un cero a la izquierda, un aburrimiento, un enorme b-o-s-t-e-z-o.

D: ¡No tan deprisa, señor Smith! Admito que me he dejado llevar un poco por el entusiasmo, así que mejor tomemos tierra y veamos los detalles prácticos de la vida. Cuando usted ve u oye a alguien, cuando capta cualquier escena, sensación, idea, cualquier cosa, les está dejando espacio, las considera y les da acomodo en usted. El hecho de que esos objetos sean cosas (su «cualidad de cosa») hace que usted se descosifique. La presencia de los objetos conlleva su propia ausencia. ¿Y por qué? Porque está hecho así, esa es su constitución. Bueno, yo también. La verdad, señor Smith, es que estoy vacío por llenarme con usted en este momento. Muero para que usted pueda vivir. Me hundo en la No-divinidad para que usted pueda alzarse en su «Smithidad». Sin Nada, no habría cosas. Todos los «algos» (todas las cosas) de nuestra vida son naves a flote en el Océano sin orillas de la Nada. ¡Eso sí que es flotabilidad, liviandad y alegría de vivir! Oh, pero claro, estoy olvidando que el capitán Smith se encuentra actualmente en dique seco.

S: Al comienzo de esta entrevista no os reconocisteis en el retrato que esbocé de Vos. Bueno, aquí está mi *quid pro quo:* ciertamente yo tampoco me reconozco en vuestro retrato de mí. Rechazo de plano esta obsesión con la Nada. ¿Por qué? Porque es morbosa, niega la vida, es masoquista, hasta diría que es una especie de intento de suicidio.

D: Eso es porque confunde usted la Nada consciente con la aniquilación inconsciente, con su propio final, en lugar de verlo como un principio que se renueva eternamente a sí mismo, por lo que, como es natural, se siente aterrorizado. Si conjurase usted todo su valor y su coraje y dijese «¡SÍ!» de todo corazón, comprendería que es la medicina que necesita para su miedo a la muerte y para la muerte misma. Descubriría en ello su «llegar a ser», en lugar de su «llegar a morir». Incluso puede que descubriese que es la Luz la que ilumina la luz, la cumbre más alta entre las cumbres más altas solo porque también es la más baja, la levadura que expande y da forma al Pan de la Vida, el alcohol del Vino de la Vida, el Arma Secreta en la guerra santa contra toda maldad, todo horror y toda falsedad. Una cosa es segura: no la encontraría aburrida, sosa o dócil. Son las cosas las que son aburridas y dóciles, muy al contrario que su Productor Primario. Cuando, en la frescura del día, camino con Adán en el jardín, ciertamente se trata de una ruta de exploración por el lado salvaje de la vida. ¿Le apetece que demos un paseo juntos, señor Smith?

S: *(alejándose del trono)* Ha habido una terrible confusión. ¿Qué debo hacer?

D: Encontrará un servicio de transporte, ciertamente concurrido, que comunica estas dependencias con ese otro lugar... Le llevará a la majestuosa mansión del majestuoso alguien que está decidido a no defraudarse a sí mismo convirtiéndose en Nadie, así como a no desaparecer en favor de nadie. Así pues, esto no es un «adiós», señor Smith, sino un «hasta luego». ¿O tal vez debería decir un «hasta que nos *veamos*»?

(El señor Smith abandona la sala murmurando entre dientes).

22

El sueño de Chiao

Aquí, la forma es vacío y el vacío es forma.
Aquí no hay ojo, ni oreja, ni nariz, ni lengua.
Aquí no hay nacimiento, decadencia ni muerte.
Por lo tanto, el *bodhisattva* deja de temer,
porque, ¿qué podría salir mal?
¡Ido, ido más allá, ido hasta la otra orilla!

Versión resumida del SUTRA DEL CORAZÓN

CHIAO SE PERMITIÓ BOSQUEJAR una amplia sonrisa de satisfacción.

—Hoy —anunció a sus compañeros monjes— es un día muy especial para mí, pues acabo de terminar mi diezmilésima recitación del Sutra del Corazón, que, por supuesto, constituye la quintaesencia del mahayana y de la enseñanza del Bienaventurado.

Después de que todos los demás le hubieran ofrecido sus respetuosas felicitaciones, el novicio Tsung se acercó a Chiao y, deshaciéndose en reverencias, le preguntó si podía explicarle el significado del sutra.

A Chiao esta extraña petición le pilló tan de sorpresa que se quedó sin palabras, pero tras un prolongado silencio, respondió:

—Se trata de una escritura muy, muy antigua, sagrada y poderosa. Tanto es así que recitarla con las posturas correctas durante muchos años produce efectos beneficiosos, los cuales, en su mayoría, están ocultos. En cuanto a cualquier mérito que pudiese haber acumulado, lo dedico a todos los seres sintientes.

Pero estoy seguro de que, aunque seas un principiante, sabrás que esta escritura es tan sagrada y tan profunda que se recita a diario en todos los monasterios mahayana.

—Entiendo por sus palabras, señor reverendo —respondió el joven novicio renovando sus postraciones— que el sutra es tan sagrado que es para recitarlo, pero de ninguna manera para entenderlo.

—...¡El suelo de la sala de meditación necesita urgentemente un buen barrido! —replicó Chiao bruscamente. Estaba molesto, más aún porque no tenía demasiado claro a qué se debía su malestar. En parte, se sentía importunado porque había permitido que un simple novicio arruinase lo que prometía ser un día muy feliz y especial para él.

Esa noche soñó que se aparecía ante él la imponente y dorada forma del Buda irradiando rayos de luz y sonriendo compasivamente.

—¿Qué puedo hacer por ti? —le interpeló con una voz que era pura música.

—Diez mil veces, oh Bendito, he recitado esas preciosas palabras tuyas que anuncian que la forma es el vacío. ¡Diez mil veces! Pero las formas con las que este monje despreciable se encuentra por doquier están llenas. La corteza del árbol encierra madera sólida directamente hasta su médula. Las piedras rotas resultan ser piedra en toda su extensión. Los hombres heridos demuestran simple y llanamente que están hechos de carne y hueso. Incluso las ollas vacías están llenas de aire.

—Entiendo tu problema perfectamente —respondió el Buda—, y esto es lo que me gustaría hacer para ayudarte. Te mostraré la solución utilizando tu propia forma, la cual está claramente vacía. Después puedes tomar ese ejemplo como una muestra real y verdadera de todas las cosas cuya realidad interior, por así decirlo, parece indicar que están llenas. ¿Te gustaría que hiciese eso por ti?

—¡Le estaría eternamente agradecido al Bendito!

—¡Pues dicho y hecho! Desde este momento estás equipado con tu propio lote de «forma que es vacío». Lo que es más, siempre lo tendrás a mano, listo para inspeccionarlo al instante. Siempre podrás ver su vacío perfecto con perfecta claridad.

—Mi gratitud no tiene límites —respondió Chiao—. Pero —vaciló— si está *tan* vacía, ¿cómo sabré que está ahí? ¿No será imposible de detectar?

—Esa dificultad ya ha sido prevista. Dispondrás de muchísimas pistas que te indicarán la presencia de la forma, pistas que, no obstante, no nublarán en lo más mínimo su transparencia. Por ejemplo, podrás tocarla. De hecho, hasta podrás pasarle el dedo por encima, para tu propio deleite y satisfacción.

—Solo me preguntaba... —respondió el monje hecho un manojo de nervios— si esta sorprendente combinación de invisibilidad y tangibilidad no será un poco incómoda a veces. ¿No me chocaré constantemente con ella? Disculpe estas preguntas tan estúpidas, oh Bendito.

—¡No son estúpidas en absoluto! Ya he dispuesto lo necesario para que te siga como si del más devoto y humilde de los sirvientes se tratase. De hecho, para que esté físicamente unida a ti. Siempre la encontrarás al alcance de la mano, pero lo suficientemente apartada de tu camino donde quiera que vayas, excepto, tal vez, cuando pases a través de puertas bajas.

—¡Alabado sea el Exaltado! ¡A buen seguro se trata de un milagro que presenta múltiples aspectos! No importa si tengo una pinta un poco ridícula cuando vaya por ahí con mi fardo especial de Nada, o si de vez en cuando apunto hacia él con el dedo para comprobar si aún sigue estando ahí, un poco como si fuese un preocupado y afanado escarabajo egipcio con su preciosa bola de estiércol.

—En el país de los lunáticos, el hombre cuerdo parece ridículo. Pero no te preocupes. La gente nunca lo notará. ¿Hay algo más que pueda hacer por ti en este día tan especial?

—Bueno, hay una cuestión que me ronda la cabeza. En el sutra sagrado no solo enseñas que la forma es vacío, sino también que el vacío es forma. Pero, ¿cómo puede mi lote de Vacuidad

SER Y NO SER, ESA ES LA RESPUESTA

contener algo sin dejar de estar vacío? Este estúpido monje se siente confuso al respecto.

—Tan solo has de ponerlo a prueba, Chiao, y verás por ti mismo que tiene todo el sentido del mundo. Puede que ahora te parezca absolutamente imposible, pero te prometo que podrás ver con total claridad que tu Vacío absolutamente inmaculado contiene un sinfín de formas. O, mejor dicho, que *es* esas formas, las cuales son infinitas tanto en número como en variedad. Tu propia porción personal de vacío, si bien será lo suficientemente pequeña como para que puedas manejarla en toda circunstancia, estará visiblemente llena de ese mundo tan deslumbrante, colorido, vibrante, gigantesco y desgarrador. Y, por lo tanto, será igual de grande, cuando no más, que el propio mundo.

—Jamás podré agradecerle lo suficiente al Bendito estos milagros absolutamente imposibles. A lo que hay que añadir el milagro igualmente imposible de que aquí (como dices en el sutra sagrado) no hay ojo, ni oreja, ni lengua ni nariz. Yo, por mi parte, vivo bajo la ilusión de que tengo todo eso aquí, más o menos en buen estado de funcionamiento.

—Ya he dispuesto su amputación instantánea —respondió el Buda despreocupadamente.

—¡Dios mío! —exclamó Chiao entre jadeos.

—Sin dolor, por supuesto —añadió el Buda con dulzura—. Es más, creo que descubrirás que tu vista, tu oído, tu gusto y tu olor se han vuelto más intensos con esta cirugía.

—El Compasivo ya le ha otorgado a este indigno monje demasiados dones maravillosos. Sin embargo, sigue quedando una dificultad muy seria. El sutra sagrado niega que haya decadencia o muerte, pero yo siento, con más alarma que sorpresa, que sin duda estoy hecho de cosas sumamente perecederas.

—Ese asunto también ha sido atendido ya. De ahora en adelante depende de ti ver que, en realidad, estás hecho de una sustancia absolutamente maravillosa que nunca puede cambiar. Y cuando digo «tú» me refiero a lo que está justo donde estás ahora, a aquello de lo que surges, de donde emanas. Al estar limpio de cualquier característica distintiva, es claro y manifiesto que nunca puede sufrir la menor lesión o deterioro, ni mucho menos perecer.

—Perdonadme, oh Bendito, por dudar si podría comenzar a vivir esta asombrosa nueva vida aquí, en la tempestuosa orilla del samsara, con todas sus ilusiones, su dolor y sus adversidades, tan alejada de esa otra orilla, la orilla del Nirvana. Por desgracia, estoy seguro de que el viaje que conduce a ese venerable refugio es largo, peligroso y difícil, y (a pesar de todas esas postraciones) imposible de alcanzar para mí en esta vida, a menos que... a menos que...

El Buda sonrió.

—Muy bien —concedió con una voz que era la más pura compasión—, ¡ya has cruzado! ¡Ido, ido más allá, ido hasta la otra orilla! O más bien, venido, llegado justo hasta aquí. Estás establecido en esta orilla pacífica por los siglos de los siglos, mientras que el tumulto y la agitación del samsara está ahí, en el exterior, aparentemente muy cerca, pero en realidad a millones y millones de kilómetros de travesía por el océano. ¿Ta basta con eso? ¿Tienes alguna otra duda?

—Eso es todo lo que deseo, eso es todo lo que cualquiera podría desear nunca —concedió Chiao entre susurros, postrándose una y otra vez. Y después añadió, en un tono casi inaudible y con la frente inclinada hacia el suelo—: Supongo que el Bendito honrará sin demora a este simple monje con sus gratas promesas.

—Inmediatamente, en cuanto despiertes todo lo que te he prometido será tuyo siempre que se cumplan estas condiciones. Tienes que desearlo de verdad, has de dejar que penetre en ti, abrirte a ello, verlo de verdad y ver desde ahí, en lugar de limitarte a pensar en ello, creerlo o recitarlo. Lo cierto es que te pertenece de todos modos, incondicionalmente, tanto si decides dejarlo entrar como si no.

A la mañana siguiente, Chiao le contó el sueño que había tenido a su joven amigo.

—Fue una experiencia tremenda... mientras duró —dijo con gran pesar—. Qué lástima que no fuese más que un sueño y ni una sola palabra de lo dicho se haya hecho realidad. Supongo que uno no puede esperar que las promesas de un Buda soñado sean válidas en el mundo de la vigilia, pero eran tan categóricas y definitivas... Sin condiciones, sin peros. Y su visión no podría haber sido más gloriosa, más hermosa.

—Por lo que dice, amado reverendo —respondió el novicio—, entiendo que el Bendito mencionó que hay que desear con la suficiente intensidad estas inmensas bendiciones, y luego ser lo suficientemente humilde como para aceptarlas tal como se ofrecen.

—Por supuesto que las deseo con todo mi corazón, y tú ya deberías saber lo humilde que soy.

Tsung se inclinó en reverencia repetidamente.

—Entonces tal vez el reverendo ya posea todos esos dones, solo que no se ha dado cuenta de ello —argumentó—.

—¡Qué tontería! —replicó Chiao bruscamente mientras se preparaba para recitar el Sutra del Corazón por milésima primera vez.

23

La resurrección

No imagines que la resurrección es una ilusión.
No es una ilusión, es la verdad.
La resurrección es la revelación de lo que es,
la transformación de las cosas,
una transición a algo completamente nuevo.
¿Por qué no ver que tú mismo ya has resucitado?

TRATADO SOBRE LA RESURRECCIÓN (siglo III d. C.)

EL «CREDO DE LOS APÓSTOLES», uno de los pilares básicos de la fe cristiana, incluye las palabras: «Creo en [...] la resurrección del cuerpo». Fíjate que no se refiere (solo) a la resurrección del espíritu, sino de la carne. Quintus Septimius Tertullianus (c. 160-240), tal vez el más destacado exponente de los primeros tiempos de la fe, no podría ser más explícito al respecto, pues insiste en que el cuerpo que resucita de entre los muertos no es otro que «esta misma carne saturada de sangre, sostenida por huesos, entretejida con nervios y venas». Tal es la constitución física del Cristo resucitado y de todos nosotros cuando pasemos al otro lado de la tumba. ¿Y por qué deberíamos creer esto? ¡Pues porque es absurdo! Es cierto porque es imposible. A esto se le llama con toda gravedad la «Regla de fe de Tertuliano», y, en su debido momento, el mismísimo san Agustín se convertiría en su valedor y defensor.

Durante casi dos mil años una infinidad de creyentes, algunos de ellos tan brillantes a nivel intelectual como santo Tomás de Aquino, otros tan luminosos y centrados en Dios como Ruysbroeck o santa Catalina de Génova, han recitado, respal-

dado y creído a pies juntillas esta palmaria absurdez, esta impo-
sibilidad que, de hecho, ¡invalida toda fe!

¿A qué se debe este sinsentido perenne que es consciente de
su propio despropósito?

Ahora me parece que la creencia en la «la resurrección de Jesucristo de entre los muertos al tercer día», aunque ponga a
prueba nuestra credulidad, no es en modo alguno imposible.
Después de todo, su cuerpo aún seguía físicamente intacto, si
bien es cierto que estaba inoperativo. Sus contemporáneos
podían verlo, reconocerlo y manipularlo. Y, por supuesto, hoy
en día hay un número creciente de pacientes que, tras haber
sido certificados como clínicamente muertos, vuelven a la vida,
se recuperan y relatan su experiencia. No estoy sugiriendo que
Jesús fuese un caso de las así llamadas «experiencias cercanas a
la muerte», sino simplemente que el hecho de que estas personas reconozcan la existencia de una especie de portal de ida y
vuelta de la muerte hace que no sea tan inverosímil que Jesús
pudiera haber atravesado dicho portal.

Lo que resulta bastante absurdo es la creencia de que, llegado el día del juicio final, las moléculas que una vez constituye-
ron un cuerpo cremado, ahogado o enterrado mucho tiempo
atrás, al escuchar el toque de las cornetas celestiales se apresu-
rarán obedientemente a reunirse desde todas partes y organi-
zarse para constituir una versión viva del difunto. ¡Y luego hay
que añadir a este descabellado cuento de hadas la resurrección
de los cuerpos! Me imagino que se producirán un sinfín de
amargas disputas entre todos esos cuerpos resucitados horri-
blemente deformados y demacrados debido a la escasez de
materiales. En cuanto al problema que plantean los casos de
canibalismo, bueno, mi imaginación no da para tanto...

¿A qué se debe (repito) que este antiguo y sagrado sinsentido
no solo se haya creído, sino que hordas de personas que, de no
ser por eso, serían consideradas perfectamente cabales y sensa-
tas, hayan insistido con tanta vehemencia en él?

Algunos escritores han sugerido una respuesta de cuya validez, hasta donde alcanza, estoy seguro, y que gira en torno a la

4

siguiente idea. Hay en nosotros un instinto o una intuición profundamente arraigada de que debe haber una vida después de la muerte, y de que, para ser real, esta vida después de la muerte ha de ser una vida corpórea, sin importar lo imposible o inverosímil que esa vida pueda ser. Un cielo habitado solo por espíritus incorpóreos (invisibles, intangibles, inaudibles, sin olor) sería más bien (de eso estamos seguros) como una especie de gasómetro cósmico, un mero parte meteorológico, y no una unificación amorosa de personas.

El problema que presenta este intento de explicar la gran influencia que el dogma de la resurrección corporal, a pesar de todas sus sinrazones, ha tenido en el hombre occidental, es que no hace nada para deshacerse de esos disparates. Al revés, tan solo añade más al plantear cuestiones como las siguientes. ¿Podría ser que nuestro verdadero bienestar, el verdadero significado de nuestra vida, estuviese basado en un dislate, en una majadería, en una mentira descarada, una absoluta locura? ¿Nos encontramos abandonados a nuestra suerte en esa clase de universo? ¿Acaso Dios, sufriendo de demencia senil, ha embarullado terriblemente las cosas? ¿O es un embaucador que ha dispuesto las cosas de tal modo que la verdad sobre estos asuntos de vida o muerte consiste en puras mentiras, una verdad que, en lugar de hacernos libres, nos encierra a cal y canto en un manicomio?

Por supuesto, como último recurso (después de ver qué otras alternativas más seguras se nos ofrecen y comprobar que o bien no existen o bien no son viables), podemos vernos arrastrados a creencias así de desesperadas y descabelladas. Mientras tanto, admitamos la posibilidad (cuando no la alta probabilidad) de que el fallo puede radicar en nosotros mismos, en nuestra obstinada ceguera ante la verdad, y no en la verdad en sí; que casi con toda seguridad somos nosotros y no los dioses quienes nos hemos vuelto locos.

Bueno, hay una alternativa más cabal. Lo que propongo es que tú y yo nos atrevamos a mirar y VER lo que YA somos, sin importar lo que pensemos o lo que nos hayan dicho que pensemos al respecto. Y que, después, registremos lo que vemos con tanto cuidado como nos sea posible.

Te mostraré lo que yo veo que soy, dando por hecho que vas a mirar para ver si tú también eres así cuando, sentado o de pie, te encuentras delante de un espejo de cuerpo entero y dibujas el cuerpo que ves en él, junto con la porción de ese otro cuerpo que ves a este lado del cristal. En esta actividad no hay ningún premio al mérito artístico, pero el Premio de la veracidad no tiene precio.

No estoy en posición de hablar por ti, pero en mi caso, cuando estoy frente a un espejo de cuerpo entero veo dos cuerpos, dos versiones contrastantes de lo que yo llamo «mí mismo», como muestra la siguiente ilustración.

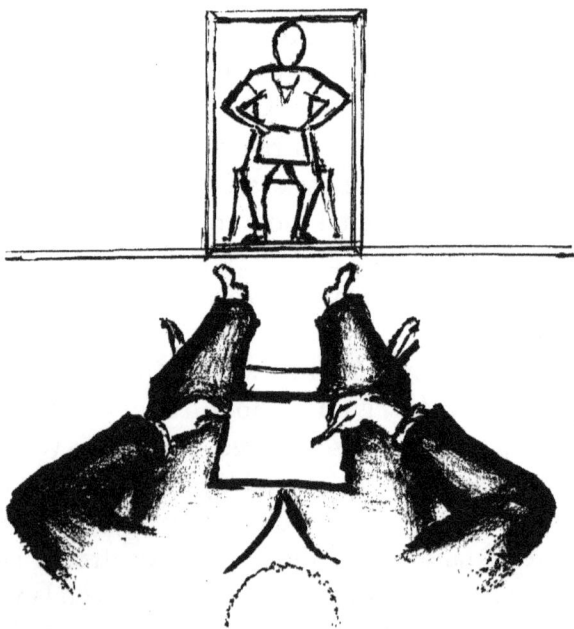

Sí, lo que veo son dos cuerpos, y no puedo prescindir de ninguno de ellos. Van juntos. Al más pequeño lo he bautizado como mi *cuerpo premortem* porque aún no ha muerto, mientras que al más grande lo llamo mi *cuerpo postmortem* porque ya ha muerto (por decapitación, que es el modo más sumario de ejecución) y ha vuelto a la vida; a una vida que no podría ser más evidente, más briosa y familiar. Tengo que estar de acuerdo de todo corazón con la descripción que Tertuliano hace de mi cuerpo de resurrección como «esta misma carne saturada de sangre, sostenida por huesos, entretejida con nervios y venas». Donde no coincidimos es en que, mientras que él creía en esto como un absurdo que pertenece al futuro, yo lo creo porque es una evidencia que pertenece al presente.

La versión ortodoxa de Tertuliano de la resurrección del cuerpo no puede por menos que ser absurda porque no establece ninguna diferencia entre mi cuerpo *postmortem* y mi cuerpo *premortem*, cuando lo cierto es que dichas diferencias son muchas, muy profundas y sumamente impactantes. Algunas aparecen reflejadas en nuestro dibujo, y la más destacable es la ausencia en el cuerpo más pequeño de un centro atemporal, mientras que sí está presente en el más grande. Ahora mismo me gustaría enfatizar (y recrearme en) el hecho de que la vida en la que realmente estoy viviendo, lo quiera o no, la que vivo aquí y ahora, es una vida *resucitada*, la vida de este cuerpo de resurrección *postmortem*, y de ninguna manera la de ese otro cuerpo de resurrección *premortem*. Donde siento picores es en este torso decapitado, no en ese otro torso con cabeza. Y lo creo porque es obvio.

Pero, sorprendentemente, se trata de una vida que negamos que estamos viviendo, una vida de la que no queremos saber nada. Pensemos en todos los cientos y cientos de retratos fascinantes que se exhiben en la National Portrait Gallery de Londres: Winston Churchill, Virginia Woolf, G. K. Chesterton y todos los demás. ¿Acaso alguno de ellos era *así*? ¿Acaso alguno, aunque fuese uno solo, *miraba en esa dirección*? ¿Estaba alguno de ellos *dentro* de esa cosa, *mirando el mundo a través de esos dos ojillos*? ¿Alguna vez sintieron picores en esos cuerpos con cabeza? ¿Contenía el más santo de entre todos ellos un *Núcleo imperecedero*?

La respuesta, por supuesto, es un rotundo «No». El *verdadero* Winston, la *verdadera* Virginia, el *verdadero* G. K., junto con todos los demás, lucían un cuerpo de resurrección muy distinto, decapitado, girado del revés, con picores y ubicado al menos a un metro de distancia de esa pintura, foto o imagen especular. (Como es lógico, cuántos de ellos se dieron cuenta de esa gran diferencia y vivieron conscientemente la vida resucitada, es otra cuestión).

Date cuenta de que no estoy diciendo que todo esté claro en esta vida de resurrección, que la comprenda plenamente, que pueda explicarla o dar cuenta de ella en su totalidad. Todo lo contrario. *Obvio* no significa 'obediente', 'complaciente' o 'servicial', ni tampoco implica que se entienda por completo o que no sea misterioso. De hecho, no se me ocurre nada más abierto, más expuesto y verdaderamente inconcebible que esta vida resucitada. Y (¡alabado sea el Señor!) resulta que esta ambigüedad que llevo incorporada de serie es exactamente lo que me ha prescrito mi médico, justo lo que exijo a esta nueva vida: que combine magistralmente el Corazón inmutable con sus instrumentos cambiantes; la certeza, la seguridad y el reposo con sus opuestos; el conocimiento profundo con la más pasmosa ignorancia. ¡Que todo haya sido tan fabulosamente preparado y dispuesto me deja estupefacto!

Pero, por favor, no *creas* una sola palabra de todo esto. Compruébalo por ti mismo. Fotografía, o preferiblemente dibuja repetidas veces, esos cuerpos yuxtapuestos tuyos, decide (ahora mismo, en este preciso instante) en cuál de ellos estás viviendo dentro y en cuál fuera, y ajusta tu forma de ver y tu vida en consecuencia.

Ahora tratemos de dar sentido a otro aspecto del «absurdo tertuliano».

Nos han dicho que pasaremos la vida resurrecta en el cielo, allá arriba, en el reino de las estrellas y otros cuerpos celestes. De hecho, se trata de una idea antiquísima que podemos encontrar en la gran mayoría de las culturas. Podríamos decir que no solo tenemos la intuición o el instinto de que existe una vida de resurrección que es una vida corporal, sino también de que dicha vida *se vive en los cielos*. Por supuesto, esto no significa que la intuición sea verdadera ni que esté bien fundada, pero ciertamente indica que tenemos que mirar y ver qué hay de cierto en ella.

A primera vista, tal ubicación parece poco probable. El clima de los cielos es, por decirlo suavemente, inadecuado para el consumo humano. Todos moriríamos de neumonía mucho antes de llegar a ellos.

Para hacer justicia a esta cuestión debemos tener en cuenta el espectro completo de niveles cósmicos que se extienden por encima y por debajo del nivel humano, la gran jerarquía de totalidades y partes a las que pertenece el hombre. Y cuando tú y yo lo hacemos (y, de paso, recomponemos nuestro ser), descubrimos que no tenemos solo dos sino tres cuerpos en nuestras manos. En orden de abstracción decreciente y de concreción y completitud crecientes, estos son:

(1) Mi cuerpo *premortem*, (2) mi cuerpo de resurrección *postmortem* y (3) mi cuerpo Total o Cósmico. Esta es la disposición aproximada que adoptan estos tres cuerpos. El boceto del tercer Cuerpo de la página siguiente indica lo que el primero y el segundo necesitan, lo que han de tener para ser lo que son. Para saber qué es, me pregunto qué sería yo sin mis compañeros humanos y las cosas en las que se ocupan, sin el aire, el suelo, el agua, la flora y la fauna de la tierra, sin la luz y la energía del sol, sin el cosmos mismo. Y, de nuevo, me pregunto qué sería yo sin las células que me componen y que llevan a cabo efectivamente todo lo que yo hago, o qué serían estas células sin las moléculas de las que están hechas, o qué serían las moléculas sin los átomos que las forman, y así sucesivamente hasta el abismo. Y la respuesta a esta pregunta, la más acuciante y definitoria, es que si me faltase alguno de ellos sería menos que una sombra, una abstracción, un sueño. La más profunda verdad es que esta magnífica jerarquía de totalidades

y partes es *indivisible*, y para ser esta cosa tan especial, esta cosa «Douglasiana» dentro de dicha jerarquía, debo abrazar e incluir también todas esas otras cosas tan especiales, así como la No-cosa, la Nada, el Cero que yace en nuestra Fuente Común, en nuestro mismísimo Centro.

De donde se desprende que (como se indica en la ilustración) yo, el resucitado, ya estoy en el Cielo y *no podría vivir en ningún otro lugar*. Y si la gente me dice que las estrellas se encuentran a años luz de distancia yo les digo que las estrellas que yo veo están justo aquí y justo ahora, y que, de todos modos, la «distancia» entre ellas y yo se transforma en un punto, en ninguna distancia en absoluto, cuando se lee desde uno de sus extremos, que es precisamente la forma en que yo la veo.

Se me ocurre una objeción de última hora pero sumamente seria. Cuando me dirijo a esta Base, a este Hogar, a este Centro de gravedad, a este Centro de operaciones en este gigantesco

Cuerpo mío, veo que me voy hundiendo en la parte inferior del dibujo, que quedo por debajo de los cuarks en lugar de ascender a la cumbre y situarme por encima de las estrellas; que me precipito a un lugar que ciertamente se parece más al Hades (¿o debería decir al infierno?) que al Cielo.

¿Qué hago entonces? Apunto con el dedo hacia este Punto Central abismal desde el que miro y descubro que soy una Nada que explota consciente e instantáneamente en todas direcciones. Las bombas moleculares que contienen TNT son muy potentes y sucias, las bombas atómicas son aún más potentes y sucias, las bombas nucleares todavía más, pero esta explosión de la Bomba Cero justo aquí y ahora es infinitamente potente y poderosa y perfectamente limpia. Y, dicho sea de paso, es la transformación de la Nada en Todo. Es nada menos que la gran resurrección de los muertos a la Vida como este glorioso cuerpo multinivel y este mundo sin fin. Amén.

Estoy bastante seguro de esta resurrección porque, a diferencia de mi viejo y querido Tertuliano (que tenía la intuición correcta pero las razones equivocadas), veo que en lugar de ser un absurdo y pertenecer al futuro, es (¡gracias a Dios!) completamente obvia en el momento presente.

¡Y eso es todo!

24

Mi Creador descansó en mi tienda[1]

—Mi querido amigo —comenzó diciendo—, ¿qué tienes que perder haciéndome el favor de dejarme ser Dios en ti?[2]

—Ningún invitado podría ser más bienvenido, amado Señor —respondí—, ni ningún anfitrión podría estar más asombrado y más lleno de gratitud que yo. Tú, como bien sabes, eres el más profundo deseo de mi corazón.

—Sí, lo sé, pero me gustaría saber cómo están las cosas entre nosotros, cuál es el estado actual de nuestra unión tal como tú la ves, tal vez al estilo del «discurso sobre el Estado de la Unión» que todos los años ofrece el presidente de Estados Unidos.

—Bueno, Señor, he de confesar toda clase de impulsos negativos e imaginaciones ociosas. Soy absolutamente tu pro-

---

[1] «He Who Created Me Rested in My Tent», cita de Eckhart (Meister Eckhart, traducido y editado por Maurice O'C. Walshe: *Sermons y Treatises* [Sermones y tratados], Watkins and Element Books, Vol. II, p. 13), quien a su vez la extrajo del Eclesiástico.

[2] Hace algunos años dejé este pasaje por escrito atribuyéndoselo a Eckhart, pero no he sido capaz de encontrarlo ni en los tres volúmenes de la traducción inglesa de Eckhart realizada por Walshe (op. cit.) ni en los dos volúmenes de la traducción de Miss Evans (también publicados en Watkins), en la cual se basó la de Walshe. De hecho, estoy casi seguro que no es de Eckhart en absoluto. No tengo ni idea de dónde o de quién la saqué (aparte de Aquel que se dirige a mí en el diálogo de las páginas que siguen). En cualquier caso, mi más escandalosa ineficacia como estudiante de textos místicos está al servicio de su benévolo plan de plantearme, ahora mismo y directamente, su intención de «descansar en mi tienda».

piedad, albergo a mi Señor, pero, por desgracia y por así decirlo, soy una «vivienda semiindependiente».

—Esa es precisamente la clase de problemas que te atraen a mí. Pero por favor, no cambies de tema. No estamos hablando del estado de tu mente, sino del estado de nuestra unión.

—Bueno. No sabría por dónde empezar...

—¿Qué te parece comenzar con el Ojo que verdaderamente está abierto de par en par? ¿Qué tal te va con él?

—¡Oh, estupendamente bien, amado Señor! Nada podría ser más simple o más natural (ni, al mismo tiempo, más sorprendente) que mirar desde este Ojo colosal.

—¡Nuestro ojo!

—Sí. Gracias, Señor, por permitirme mirar desde nuestro Ojo, cuya inmensidad es tal que se ve a sí mismo en todas direcciones, y cuya claridad es tal que elimina de sí mismo todo vestigio de sí, toda huella de cosa alguna. De hecho, ya no puedo ni imaginar lo que era creer que veía tu mundo a través de un par de pequeñas mirillas horadadas en una especie de calabaza de Halloween. ¡Qué regalo es tu Ojo inmenso, más ancho que el ancho mundo! ¡Cuán generosamente me es dado! ¡Qué increíblemente obvio resulta!

—Y junto con el Ojo, hay mucho más. Presta atención a tu Ojo y seguro que, por si fuera poco, el resto de mí se abalanza en tus brazos. ¿Cómo podría otorgarte una parte tan vital de mí mismo y ocultar el resto? O se me toma por completo o no se me toma en absoluto. Y tomarme es fácil, tan fácil como guiñar un ojo. Un poco de curiosidad, una cierta capacidad de asombro, algo de práctica (que en realidad no es práctica sino disfrute) ¡y no solo habrás adquirido el hábito de ver conmigo, sino también como Yo mismo!

—¡Para que luego digan que eres difícil de alcanzar!

—Junto con mi Ojo también va mi mano.

—Por supuesto, Señor, van juntos de modo natural. Sobre eso, tengo algo maravilloso que contarte. Estas manos son mías en la medida en que realizan mis tareas humanas, y estos brazos son míos en la medida en que abrazan mi amor humano. Sin embargo, estas mismas manos son también tuyas en la medida en que realizan tu trabajo divino.

—Bueno, son las únicas que tengo. Y es como tú, siendo tú, querido mío, que abrazo a quienes amas. No imagines que puedes convertirte en mí sin que Yo me convierta en ti. Nos necesitamos el uno al otro. El hombre no puede convertirse en Dios sin que Dios le devuelva el cumplido.

—Estos miembros comunes y corrientes ¡son en realidad un milagro imposible! ¡Hay que ver las cosas que hacen! Y, no obstante, una vez más, ¡qué naturales son, qué fácil es extenderlos! ¡Parece un juego de niños! Aquí tenemos un dibujo que una niña de ocho años hizo de sí misma teniendo en frente a un amigo. Llaman la atención esos brazos cortados que surgen de su Amplitud, no de sus hombros y su tronco, como ocurre con los brazos de su amigo. Me pregunto cómo algo tan natural y que no requiere el más mínimo esfuerzo con ocho años se

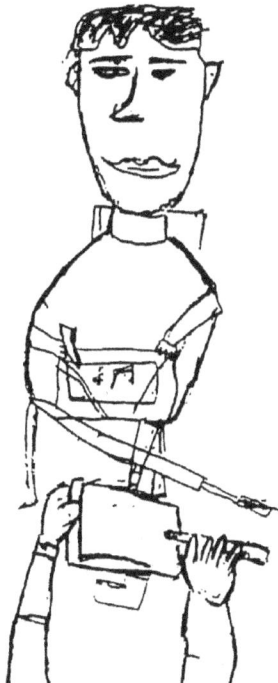

convierte en algo tan antinatural a los dieciocho, o en algo casi imposible a los ochenta.

—O cómo puede negarlo a cualquier edad cualquiera que esté medianamente interesado. El problema con vosotros, los humanos, es que abandonáis con suma facilidad la base sólida de las percepciones y os precipitáis en una maraña de conceptos. Seamos prácticos. Ponme un ejemplo concreto de los dos modos de funcionamiento de estas manos y brazos nuestros, del espectacular contraste que existe entre ambos.

—Estoy intentando, Señor, pensar en algún ejemplo significativo y revelador... Tal vez en la quietud de una sala de meditación o en un *zendo* se me ocurriría alguno bueno.

—¿Y qué me dices de tu coche, como una especie de *zendo* más conveniente, más habitual y ciertamente más cómodo? Que no siempre se caracteriza por su quietud, pero...

—¡Claro, amado Señor! ¡Por supuesto! Estas manos mías (tan humanas) con las que me pongo los calcetines, lavo los platos y tecleo en el ordenador hacen cosas muy distintas cuando están manejando el volante del coche. Cosas divinas, Señor. ¡Tus cosas! (siempre que me guíe por lo que Tú me muestras y no por lo que me dice la gente). Entonces, en lugar de llevarme a París, estas manos traen París a mí. Y por detrás de mí, en lugar de alejarme de Calais, se llevan a Calais lejos de mí. Por los laterales, en lugar de conducirme a través del paisaje a 110 kilómetros por hora, conducen el paisaje a través de mí a muchas velocidades distintas. ¡Sí! ¡Estas mismas manos que pelan patatas en mi cocina pelan tu Universo, capa por capa, cuando estoy en mi Renault Clio! Y todo el tiempo permanezco firmemente anclado en tu Quietud, ¡en la Quietud que mueve todas las cosas!

—¿Fue tan difícil romper el agotador y peligroso hábito de conducir sin el debido cuidado y atención, convertir tu Clio en tu *zendo* en el que Meditación = Atención = Asombro = Unión conmigo?

—No tan difícil, amado Señor. Llevo ya mucho tiempo sin ser capaz de detener el paisaje, y extraigo de él tantos caballos de potencia como puedo para alimentar mi Clio. ¡Y todo gracias a mi Chófer divino!

—Bueno, hago todo lo que puedo para conseguir que nuestra unión sea así de interesante, de vívida e ineludible, de íntima y fácil, de peculiar y divertida. Realmente no veo qué más podría hacer, excepto llevarnos a ti y a mí a una mezcolanza divino-humana que nos ahogaría a los dos. No, el precio de la alegría interminable de nuestra unión es nuestra separación interminable y libremente elegida.

—Aunque a regañadientes, Señor, pagaré hasta el último céntimo. De todos modos, insisto en que como Eso de lo que estas manos y brazos sobresalen visiblemente, como esta Claridad central atemporal y sin límites, tú, yo y todas las criaturas somos absolutamente y por siempre jamás Uno y lo Mismo, lo Mismo, lo Mismo.

—Exactamente, querido mío. Un par de Nadas (de hecho, cualquier cantidad de Nadas) no pueden evitar apresurarse a fundirse al instante para convertirse en Una sola Nada. Ni tampoco esta Nada Una puede evitar explotar instantáneamente en Todo. Pero echemos un vistazo a algunas de sus consecuencias prácticas y cotidianas. ¿Cuáles dirías que son?

—Bueno, está claro que esta Nada, esta Claridad sin límites, transforma las relaciones personales. Al vivir desde ella no queda nada aquí con lo que poder confrontar a nadie. ¿Cómo podría evitar desvanecerme a favor de él o ella? La verdad es que en ti, Señor, y como Tú, doy mi vida, mi mismísimo ser, por esa otra persona. Este acto de total autoentrega, tan imposible para mí como yo, se hace posible e incluso natural para mí como Tú, siendo una entidad que está unida a ti, cuya generosidad llega a tal extremo que me entregas tus perfecciones divinas. ¡A mí! ¡Y ya sabes que las necesito desesperadamente! Aquel en quien Dios habita tiene un buen huésped, sin importar cuán pésimo sea el alojamiento.

—Todo bien hasta aquí. El estado de nuestra unión tal como tú lo percibes (y, por supuesto, como yo lo veo) parece cuando menos satisfactorio. Tenemos mucho que compartir, mucho de lo que divertirnos y alegrarnos, y poco o nada que te resulte realmente difícil de poner en práctica día a día.

—Y más que suficiente para sentirme constantemente abrumado de gratitud, pero...

—¿Queda alguna dificultad real?

—Me temo que sí, Señor. Deja que te explique. Esa frase, «Mi Creador descansó en mi tienda», indica que nosotros siempre hemos sido, somos y seremos dos: el Creador y lo creado, y donde hay dos acecha el terror, la angustia y la congoja. Mi problema es que no puedo pasar con menos que con todo Tú. Irónicamente, amado Uno, aunque te necesito desplegado en todo tu esplendor, en toda tu majestuosidad y misterio como el origen de ti mismo, de mí y de todo lo demás, este mismo esplendor es el que nos mantiene sumamente separados el uno del otro. Cuando se pronuncia lo inefable, ¿qué queda? ¡Los mismos atributos que insisto en que tienes garantizan que no pueda tenerte!

—¿Lo que tratas de decirme es que mi capacidad para la autooriginación y para crear el mundo se encuentra mucho más allá y por encima de todo lo que compartimos?

—Precisamente, Señor.

—Entonces tengo una sorpresa para ti. Puedo, quiero y estoy ansioso por compartir contigo esa experiencia tan especial. De hecho, ya lo estoy haciendo, pero tú no te das cuenta.

—Mi más preciado Amado, no puedo ni imaginar...

—Por supuesto que no puedes. Ni siquiera lo intentes. Supongo que ahora me toca a mí darte algunas explicaciones. Me dices que estás completamente sorprendido de que exista algo en absoluto. Añades que estás maravillado y lleno de admiración por mi «imposible» truco de surgir, de aparecer, sin ayuda alguna y por ninguna razón, de la larga y oscura noche del olvido cósmico. Bueno, pues escúchame. No te engañes pensando que tú como tal (como individuo) eres capaz de realizar este Asombro que eclipsa a cualquier otro asombro. Me pertenece solo a mí, es mío en exclusiva. Y si también es tuyo es porque Yo soy tú.

—Claro que sí, mi Señor. ¿Cómo podría este ser humano demasiado humano, como tal, comenzar siquiera a manejarse en esa Maravilla divina (si es que puedo llamarla así)? No, no tengo ningún problema con tu autocreación primaria. Es tu creatividad secundaria y cósmica, aquella que verdaderamente tan solo te pertenece a ti, la que nos separa.

—¡Pero qué tonterías estás diciendo! No me sería posible entregarte mi Ojo sin darte también su habilidad para crear, destruir y volver a crear las cosas, del mismo modo que tú no podrías entregarme tu mano sin su capacidad para sentir la forma y la textura de las cosas. Venga hombre, ¡no seas tan tonto!

—¡Oh, mi Señor!

—Por lo que más quieras, déjate guiar por lo que ves, por lo que te estoy mostrando con todas mis fuerzas. Si cierras tu Ojo, cierras el mundo. Si lo abres, el mundo se abre ante ti de nuevo.

—¡Por supuesto, Señor! Lo admito una y un millón de veces. Te ruego sepas perdonar mi abismal torpeza. Las cosas que Tú haces especialmente claras son las que yo hago especialmente oscuras, las que hundo en el fango, las que, sin tu ayuda, convierto en imposibles.

—Supongo que es una forma curiosa de gastarme una broma. Una especie de juego amoroso.

—Y hablando de juegos de amor, querido Uno, hay una cuestión que es tremendamente importante para mí, profundamente importante. Como decía John Henry Newman en sus cánticos: «Gloria a Dios en las alturas y en las profundidades». Este Ojo que compartimos, Señor, junto con sus poderes que igualmente compartimos, es la prueba más exaltada y (a la larga y en última instancia) la demostración y la manifestación más evidente de nuestra unión indisoluble. Sin embargo, donde más intensamente siento nuestra unión es en las profundidades.

—Sí, lo sé. Pero dime, dime.

—Desde hace muchos años tengo la costumbre de repetir en silencio, de vez en cuando, mi propio mantra secreto: «Salvarse es ser Él», mientras respiro profundamente. Me da la sensación de que todo mi cuerpo, desde la coronilla hasta las uñas de los pies, exhala mi persona y te inhala a ti. Esa intensa sensación de recostarme y colapsar en tu Inmensidad, de fundirme contigo por completo, trae consigo la relajación física más completa y total que conozco. Como digo, es como si al espirar profundamente *yo* te estuviese respirando *a ti*, mientras que en la inspiración que le sigue *Tú* me estuvieses respirando *a mí*. Es como si, después de haberme salvado de ahogarme en el mar de la muerte, me hubieras dado el beso de la Vida.

—¡Vaya! ¡Eso sí que es compartir la dicha, el gozo y la alegría! Y no se me ocurre una nota más verdadera o más feliz con la que terminar nuestra charla de hoy sobre el estado de nuestra unión.

MI CREADOR DESCANSÓ EN MI TIENDA,
Y DURANTE TODA LA NOCHE
ÚNICAMENTE SE OYÓ EL SONIDO
DE UN SOLO ALIENTO.

25

Esa es la respuesta

T AL VEZ TE PREGUNTES por qué SER *y* NO SER es la respuesta a las aterradoras e interminables preguntas que plantea la vida. En el transcurso de la indagación libre que hemos llevado a cabo hemos visto brevemente los siguientes motivos:

1. Respeta los hechos básicos tal como se presentan; requiere de mí que entienda y viva a la luz de lo que, con total evidencia, es así. Al mirar desde aquí hacia el mundo, veo que soy, mientras que al mirar desde fuera hacia el lugar en el que me encuentro, veo que no soy.

2. Necesito ambos. Necesito Ser y liberarme de Ser. El No-ser vence el dolor de Ser, el dolor de la existencia, mientras que Ser vence el dolor de No-ser, la angustia de la extinción. Juntos consiguen seguir funcionando adecuadamente. Por así decirlo, es como tener lo mejor de ambos mundos, como comerse un pastel y que este siga intacto en el plato. Es bueno hacerlo así, si se puede.

3. Ser y No-ser no son polos opuestos, no se contradicen el uno al otro. Encajan, son mitades inseparables del Todo. Siempre que así lo permita, aparecen juntos y en armonía en todas las cambiantes circunstancias de mi vida y su unión resulta ser lo que mis problemas necesitan para enderezarlos.

4. Te pongo un ejemplo. Veo que en mí hay dos impulsos muy intensos pero aparentemente incompatibles. Por un lado, quiero ganar, ser el primero, ser muy especial y, de hecho, único. Por otro, deseo con todas mis fuerzas liberarme de toda esa carga, ser libre como el viento, desvincularme, morar en la luz

más transparente y cristalina. Ahora bien, en lugar de incitar perversamente a estas dos fuerzas contrarias para que me desgarren y me partan en dos, les dejo hacer su verdadero trabajo y que, así, me unifiquen.

5. Y aquí tenemos otro ejemplo. El amor es el mejor regalo que la vida puede ofrecernos, pero también uno de los más problemáticos. No obstante, la unión perfecta del Ser y el No-ser es al mismo tiempo el fundamento y la dinámica del amor. De modo que amar es desaparecer en favor del ser amado. Desaparecer de verdad, visiblemente, quitarse del medio. Primero ha de darse la visión; el sentimiento correspondiente aparecerá cuando y como deba hacerlo.

   ¡Así que ahora te toca a ti! Nada de esto es para que lo creas sin más, sino para que lo compruebes por ti mismo en la vida diaria. Te he contado cómo son las cosas aquí, *donde* estoy yo. ¿Son también así ahí, *donde* tú estás?

Libros del Douglas E. Harding

(Se reseñan entre paréntesis los títulos disponibles en español)

- Short Stories
- The Meaning and Beauty of the Artificial
- How Briggs Died
- The Melwold Mystery
- An Unconventional Portrait of Yourself
- The Hierarchy of Heaven and Earth
  (La Jerarquía del Cielo y la Tierra)
- Visible Gods
- On Having No Head *(Vivir sin cabeza)*
- Religions of the World
- The Face Game
- The Science of the 1st Person
- The Hidden Gospel
- Journey to the Centre of the Youniverse
- The Little Book of Life and Death
  (El pequeño libro de la vida y la muerte)
- Head Off Stress
- The Trial of the Man Who Said He was God
  (El juicio del hombre que decía ser Dios)
- Look For Yourself
- The Spectre in the Lake
- To Be And Not To Be, That is the Answer
  (Ser y no ser, esa es la respuesta)
- The Turning Point *(El punto de retorno)*
- Just One Who Sees
- As I See It

www.ingramcontent.com/pod-product-compliance
Lightning Source LLC
Chambersburg PA
CBHW020849090426
42736CB00008B/302